高情商表达技巧

苏霏◎编著

中国纺织出版社

内 容 提 要

生活中，我们与人沟通、相处和打交道的过程中，最重要的媒介就是语言，而口才能力的高低，考验的就是我们情商的高低，高情商者懂得把握人心，进而左右逢源，受人欢迎。

本书通过活泼、生动的案例，深入浅出地向我们阐述了获得出色口才的途径、方法和技巧，让我们轻松掌握各种场景下的口才艺术，从而帮助你在纷繁复杂的社交中应付自如，达成所愿。

图书在版编目（CIP）数据

高情商表达技巧／苏霏编著.--北京：中国纺织出版社，2018.7（2025.3重印）

ISBN 978-7-5180-4958-5

Ⅰ.①高… Ⅱ.①苏… Ⅲ.①语言艺术—通俗读物 Ⅳ.①H019-49

中国版本图书馆CIP数据核字（2018）第083296号

责任编辑：闫　星　　特约编辑：王佳新　　责任印制：储志伟

中国纺织出版社出版发行

地址：北京市朝阳区百子湾东里A407号楼　邮政编码：100124

销售电话：010—67004422　传真：010—87155801

http：//www.c-textilep.com

E-mail：faxing@c-textilep.com

中国纺织出版社天猫旗舰店

官方微博http：//weibo.com/2119887771

三河市金兆印刷装订有限公司印刷　各地新华书店经销

2018年7月第1版　2025年3月第3次印刷

开本：710×1000　1/16　印张：13

字数：119千字　定价：69.80元

前言

在美国流行一句话：“智商决定录用，情商决定提升。”不得不承认，在现代社会，情商已经成为人们日常交往中的一种必要智慧，情商不仅是一个人获得成功的关键因素，而且高情商者还能够充分发挥自身潜能、调节掌控情绪，从而与周围的人在接触中表现出良好的亲和力，并在生活工作中获得比别人更多的机遇。高情商的重要体现就在于表达能力。

我们发现，生活中，那些受人欢迎、幸福指数高的人多半都有一项必杀技——口才好。因此，他们常告诫身边的人：会说话的人受欢迎。

“一言可以兴邦，一言可以废邦”。善于说话的人在这个世界上能够御风而行，万事顺意；不会说话的则如船搁浅滩，步步难行。因此，我们可以长得不漂亮、不帅气，但你一定要说得漂亮，恰当表达、巧妙沟通，能让你在生活和工作中顺心顺意。为什么有的人身负旷世才学行走世上，却步履维艰，有的人资质平平却能干出一番惊天动地的事业？这在很大程度上取决于他们说话的水平。

然而，包括好口才在内，任何本领的获得，都不是天生的，也非一日之功，你若想把话说出水平，需要通过后天长期的努力。当然，只要做到不断学习和提高，就能轻松驾驭语言，做到口吐莲花、能言善辩、巧舌如簧、打动人心。

可能我们都希望找到一个语言导师来帮助自己提高说话水平，但寻找的过程是艰难的，这里，我们推荐一本枕边书——《高情商表达技巧》。

从这本书中，相信你能认识到说话的重要性，也能看到自嘲、赞美、幽默这些语言艺术的魅力，最重要的是，本书为我们提供了不同场合下的语言情景训练，从而更鲜活地教导我们如何直指人心地说话，增强你说话的能力，从而展现你的高情商。相信你在熟读本书后，一定会对如何说话有更深层次的理解，让你找到如何在谈判桌上，或在工作、社交上，甚至在生活中从容应付的奥秘，最终帮助你成为一个能说会道、受人欢迎的人。

编著者

2018年5月

目录

第01章　高情商就是用说话开拓幸运人生……001

高情商就要懂得控制好情绪……002

高情商让你离成功更近……005

把话说好，才能打动人心……007

告别歇斯底里，让自己受欢迎……009

善用策略说服对方……011

第02章　高情商就是用辩证思维让对方信服……015

谨言慎行，才能走得更远……016

言语严谨，不给对方反驳机会……018

严丝合缝，有条不紊……021

不要在同一个地方跌倒两次……023

逻辑清晰，有理有据……025

言说重点，一目了然……027

第03章　高情商就是把握分寸，给他人留有余地……029

留有余地，才能应对自如……030

点到为止，不必太透……033
文质彬彬，彰显君子风度……035
察言观色，注意场合……037
别轻易和对方开玩笑……040

第04章 高情商就是进退有度地把握话语主动权……045

不卑不亢才能达到目的……046
用玩笑话回应争执……049
礼貌谦让，方能长远合作……052
让对方给予肯定……055
认输也让对方心怀敬仰……058

第05章 高情商就是临危不乱从容面对话语难题……061

借题发挥，摆脱限制……062
沉住气，成大器……063
有技巧的回击有时更有效……066
得体恭维，成就自我……069
化被动为主动，提升效率……071

第06章 高情商就是胸中有物迅速化解冷场境遇……075

凭借“花言巧语”为自己开脱……076

用机智笑谈尴尬 ……………………………………………… 077
自嘲也可以打破僵局 ………………………………………… 080
避开他人的敏感区 …………………………………………… 083
因势利导，为自己解围 ……………………………………… 085
避开雷区，才能有效沟通 …………………………………… 086

第07章　高情商就是讲究策略探寻他人需求 …………………… 091

用言语试探对方真实需求 …………………………………… 092
顺应对方，让对方哑口无言 ………………………………… 094
谨慎前行，实现共赢 ………………………………………… 095
分析矛盾，一招制敌 ………………………………………… 097

第08章　高情商就是会用弦外之音委婉拒绝 …………………… 101

暗示可以让对方“知错就改” ………………………………… 102
委婉，主动让对方反思 ……………………………………… 104
因人而异，不要批评过头 …………………………………… 107
合适借口，不伤感情 ………………………………………… 108
要有分寸地拒绝 ……………………………………………… 111
合理化建议，让对方感激 …………………………………… 114

第09章　高情商就是懂得幽默，乐于分享快乐经验……117

善用幽默打开沟通局面……118
拒绝枯燥，让交流更有趣……120
回应挑衅，不动声色的幽默力量……122
幽默“破冰”，拉近彼此距离……123
利用幽默获得他人理解……124

第10章　高情商就是不吝溢美之词鼓励赞美对方……127

嘴甜的人更受人欢迎……128
多多赞美他人的成就……132
出乎意料的赞美更打动人心……134
巧妙地将赞美的话传递给他人……137
赞美他人胜过赞美自己……141
真诚赞美，不曲意逢迎……144

第11章　高情商就是会用人情寒暄打动人心……147

巧妙寒暄，让对方打开心扉……148
首肯法助你马到成功……151
亲切让寒暄更自然……154
传递使人印象深刻的信息……157
从第三者角度，发表见解……159

附和也要有章可循……162

第12章　高情商就是善用万全之策博得众人掌声……165

自问自答，吸引对方注意……166

善用设问与反问，形成互动……168

请教式提问让你赢得支持……171

含糊其词，有所保留……173

多角度提问，发现对方真实意图……175

第13章　高情商就是使用口才为自己赢得人心……179

注重积累，出口成章……180

跟随心意，营造氛围……181

以别致的开场吸引听众……185

用真情实感打动听众……187

抑扬顿挫，让听众情绪高涨……190

放慢语速，掷地有声……193

参考文献……197

第 01 章

高情商就是用说话开拓幸运人生

高情商就要懂得控制好情绪

人需要依靠两条腿，才能把路走好。人生同样也需要两条腿，才能飞黄腾达。一个成功的人，仅仅拥有高智商是远远不够的，所谓独木难支，在各行各业都需要密切合作的现代社会，一个人即使能力再强，也不可能仅凭一己之力就获得成功。聪明的人不仅依赖自己的能力获得成功，也会懂得借助于他人的力量，甚至还会团结敌人的力量为自己所用，由此可见，聪明人的力量绝不仅仅只限于自身，而是能够团结一切可以团结的力量，从而最大限度地增强自己的实力，让自己变得更加强大。

一个成功的人不但有着超强的能力，也不仅仅得道多助，最重要的是还能够控制自己，驾驭自己。有些人虽然能力很强，但是往往很容易冲动，动辄就会歇斯底里，甚至失去控制，这样的人无论如何也无法获得成功。综观古今中外，大凡有所成就的人，尤其是那些气度非凡的领导者，无一不是淡定从容、泰山崩于顶而色不变的人。作为国家的首领、军队的统帅或者是实验室里的主管，假如他们遇到一点情况就马上惊慌失措，也就无法成为一个合格的领导者。由此可见，虽然我们只是普普通通的人，也没有多么出奇的能力或者天赋，但是为了主宰自己的命运，我们依然应该努力控制自己的情绪。

通常情况下，一个人要想控制自己的情绪，首先应该拥有自觉性和主动性，时刻对于情绪保持敏感的状态。其次，还要拥有深刻的洞察力和超强的理解力。只有知道情绪的来源，知道情绪问题的根源所在，我们才能更好地解决情绪问题。再次，从本质上来说，情绪实际上是人生的一种推动力，我们唯有合理利用情绪的推动力，才能使其对人生起到积极正向的作用。最后，我们还要拥有能够从情绪中跳脱出来的能力，也就是情绪的摆脱力。尤其是遭遇负面情绪的时候，如果能够及时摆脱负面情绪，恢复积极主动乐观的心态，则无异于成功止损。总而言之，能否主宰情绪对于人生的影响是很深远的。任何情况下，我们都要努力成为情绪的主人，而不要任由情绪摆布和捉弄。

有一天，担任陆军部长的斯坦顿满脸怒气地来到林肯的办公室告状："气死我了，我觉得我是非常公正的，但是那些可恶的家伙却说我徇私情，故意包庇一些人……"看到斯坦顿怒气冲冲的样子，林肯说："你何不现在就坐下来写一封呢，你可以在信里狠狠地反击那些诬陷你的家伙，让他们尝尝你的厉害。你甚至可以狠狠地骂他们一顿，让他们知道你可不是好欺负的！"斯坦顿接受了林肯的建议，马上坐下来在林肯的办公室里写了一封措辞激烈的信，并且把它交给林肯过目。

林肯一边看信，一边大声叫好："太好了，太好了，你说得好极了。我们就是要这样，以牙还牙，以眼还眼，看看谁以后还敢诬陷你。

你写得激情昂扬，简直太绝了。”看到林肯对信赞不绝口，斯坦顿马上找出信封，准备把信装好寄出去。不承想，林肯却问：“你准备干什么？”斯坦顿被问得一头雾水，说：“当然是把信寄出去啊！”林肯马上严肃地说：“不要这么做。你这封信是正在气头上写的，言辞激烈，对于事情的好转一定毫无好处。大凡是怒气冲冲时写的信，我通常会把它们扔进壁炉里烧掉。你也不要把这封信发出去，其实你在写信的过程中义愤填膺，已经消除了怒气。现在就把它烧掉吧，马上开始写第二封回信，你一定会心平气和很多。”

对于斯坦顿的怒气，林肯为他找到了一个很好的发泄口，但是他却并不支持斯坦顿把这封怒气冲冲时写的缺乏理智的信寄出去，以免事态更加恶化。这就是林肯的高明之处，也是他能够作为日理万机的总统始终保持情绪平和、理智平静的原因。

朋友们，你们在生活中也一定会有歇斯底里、被愤怒冲昏头脑的时候，不妨也采取林肯的方法，找一个合理的宣泄渠道发泄自己的怒气吧。等到心平气和之后，再来着手处理问题，也许才会找到最好的解决办法。如果人生之中我们始终能够控制情绪，主宰情绪，一定就能少一些误解和矛盾，多一些宽容和谅解，我们的人生也会因此而更加精彩！

高情商让你离成功更近

情商高的人在生活中更容易受到他人的欢迎和喜爱。情商高的人，在工作中也会如鱼得水，从而更顺利地发展事业。其实，学术界对于情商的作用还是有很大争议的，而且判断一个人情商的高低水平也并没有具体准确的规定，只是人们根据生活中的各种表现做出粗略的判断和评价而已。虽然先天的因素对情商会起到一定作用，但是后天的成长和社会以及生活环境的影响，对于情商的作用显然更大。对于任何人而言，只要处处留心，情商的培养和改变都是完全有可能的。尤其是在父母教育孩子的时候，一定要注重培养孩子的情商。倘若孩子从小就情商低下，长大之后就会因为情商低吃尽苦头，甚至影响整个人生。恰恰相反，倘若孩子从小就情商高，则人生也会变得更加顺遂。尤其是青年朋友，如果发觉自己情商低，则可以努力培养自身的情商，生活中处处多留心，多留意，让自己变得更加受人欢迎。

尤其是在职场上，人际关系越来越复杂，很多人都因为情商太低，在无形中冒犯上司、得罪下属，导致工作无法顺利开展下去。尤其现代职场分工越来越细，我们也应该与同事搞好关系，才能得到他们的积极配合与合作，为自己的职业生涯铺平道路。

当然情商对于职场上不同职位的影响也是完全不同的。假如一个人从事偏重于技术性的岗位，例如器械维修工作、财务工作、艺术工作等，则受到情商的影响相对较小。与此恰恰相反，假如一个人从事的是与人打交道的工作，例如销售工作、教师、管理岗位等，则受到情商的影响相对较大。因而，职场人士也应该分析自己的岗位情况，有的放矢地提高情商。财务工作的从业人员情商低影响不大，情商高对工作的开展更好，但是从事销售工作的人则必须提高自己的情商，否则甚至无法开展工作。

作为一名销售人员，小雅之所以业绩在公司始终名列前茅，和她情商高是有密切关系的。前段时间，小雅接待了一个特别难缠的客户，对于她推荐的每一款车子，客户都是看看就走了，根本没有下文。一个偶然的机会，小雅听到客户说他的妻子是富家千金，因而猛然意识到也许症结就在于此。

客户再次带着妻子来看新款车型时，小雅不再对客户介绍车子，而是开始与客户的妻子套近乎。果然，这次看完车子之后，客户妻子没过几天就主动打电话给小雅，让小雅帮他们预订这款紧俏车型。原来，客户的妻子是富二代，客户的工作则很普通。他们之所以看这么贵的豪华车，也就是因为客户的老丈人能给他们一些赞助和支持。为此，小雅之前每次向客户介绍车子的性能其实都是瞎子点灯白费蜡，作为一名销售人员，她必须抓住最有效的客户需求，才能最大限度地帮助自己成功销售。为此，小雅这次主要向客户的妻子进行介绍，提供建议，也算是找准了决策人，所以才能事半功倍。

作为汽车销售员，小雅的销售策略是销售行业的通用法则。在向客户推销的时候，一定要找准决策人，才能使推销工作进展顺利，事半功倍。通俗地说，既然是买东西，当然谁攥着钱谁更有决策权。不过也需要注意，假如是男性客户拿着钱包，则女性销售员也不能一味地盯着男性客户，否则同来的女性客户就会为此心生不悦，甚至还会打翻了醋坛子，导致原本进展顺利的销售工作无疾而终。

每一个人都想在事业上获得成功，那么每个人都应该努力提高自己的情商，从而使自己事业发展顺利，也使自己的人生更加辉煌。

把话说好，才能打动人心

常言道，说得好说得人笑，说不好说得人跳。很多时候，同样的一句话由不同的人说出来，或者同样的一句话由相同的人以不同的口吻说出来，效果都是完全不同的。然而，说话是人的本能，不管我们的语言表达能力是高超还是低劣，都不能改变我们每天都需要与他人交流的现状。因而，我们必须认真钻研说话的艺术，努力争取把话说好，把每句话都说得打动人心，说到他人的心里去。

每天我们所经历的事情都是完全不同的，事情的性质、急迫的程度等，都各不相同。在这种情况下，说话也要因时因势而随时改变，从而才能符合实际情况，做到顺势而为。遇到着急的事情，如果你还继续慢慢吞吞地说，非得把听话的人急死；遇到重要的大事，你却以漫不经心的语调说，说得人分不清楚真假，也会让人不知所以，甚至还会耽误大事；遇到微不足道的小事，与其横眉竖眼，不如面带微笑，说完即可，或者并非必要，也可不说；遇到无中生有的事，一定要谨记教诲，让谣言止于智者，千万不要以讹传讹，导致人心惶惶……除此之外，还要注意说话的方式方法，把一句话说得好，才能起到预期的效果，否则就会导致事与愿违。

在美国，有个老头有三个儿子，他的大儿子和二儿子都已经成家立户，从大家庭里独立出去过自己的小日子了，只有小儿子还在父亲身边，和父亲相依为命。

有一天，有人问老头："老人家，可以让你的小儿子和我进城工作吗？"

老头非常生气，当即拒绝："不行，你快滚！"

那人又问："那么我给你儿子找个城里的媳妇，如何？"

老头把头摇得像拨浪鼓一样："不行，不行！"

那人接着问："要是我给你推荐的儿媳妇，是石油大亨洛克菲勒的女儿呢？"

老头沉默不语，似乎有些动心。

几天之后，那人给洛克菲勒打电话："洛克菲勒先生，我想为你的女儿介绍男朋友，如何？"

洛克菲勒毫不客气地说："滚吧！"

那人继续说："如果我介绍世界银行的副总裁当你的女婿，你意下如何？"

洛克菲勒当然同意了。

没过几天，那人去了世界银行，面见总裁：“总裁先生，我想向你推荐一个副总裁人选！”

总裁马上说：“我不需要副总裁。”

那人说：“假如我向你推荐的人是洛克菲勒的女婿，你可以考虑马上任命他当副总裁吗？”

总裁先生不假思索地同意了。

当然，这个故事一定是不真实的，但是它为我们揭示的道理却很深刻。某种意义上，如果能够恰到好处地运用语言，人们就能借助于语言创造奇迹。这个故事告诉我们，沟通的力量非常强大，只要能够把握好时间和节点，沟通就会产生出人意料的效果。当然，把话说好也是很重要的，这个故事之所以逻辑贯通，就是因为说话的那人挑起了三方的兴趣，并且实现了他们之间的准确对接。

把话说好，往往会给我们意外的惊喜。好话不能好说，则只会使人们之间产生误解，导致人们彼此误会，甚至是相互仇恨。由此可见，通晓语言的技巧，发挥语言的魅力，对于人际交往和沟通是至关重要的。

告别歇斯底里，让自己受欢迎

人与人之间的相处，的确是个让人头疼的问题。首先，我们与大多数人之间并没有血缘关系，也就无所谓血浓于水。其次，别说是陌生人之间了，就算是与父母或者兄弟姐妹之间，我们也不能做到完全了解，从而导致误解总在发生，沟通始终达不到完美的畅通。最后，我们的情绪还有很大的波动，就像五月的天气一样反复无常。在这种情况下，我们难免在与他人交往的过程中无所适从，甚至陷入困境。

在人际关系中，既包括人与人交流时倾听与表达的能力，也包括理解和尊重他人的能力，在人际关系遭遇困境时处理问题的能力，说服和影响他人的能力等。有些人天生就是首领，他们富有无穷的魅力，不管在什么场合出现，总是能够成为众人瞩目的焦点。毫无疑问，这样的人根本不必为人际交往感到烦恼。与他们恰恰相反，有些人则无论付出多少努力，都无法让自己的人际关系得到改善。他们很害怕与人交流，因为既担心受到他人的言语中伤，也害怕自己的笨嘴拙舌会给他人带来不快。这样的人在走出校园，走上工作岗位之后，依然会因为人际关系感到困扰，严重的还会影响他们的生活和工作。还有种人则是神经质，他们有时候突然冷漠，有时候又如同一团火一般过分热情。不得不说，这种歇斯底里的人总是让人感受到冰火两重天，是让人最难以忍受的。要想让人际关系变得平稳，勿必要告别歇斯底里的秉性。

作为一个歇斯底里型人格者，高飞简直让人既爱又恨。在情绪平稳的时候，高飞是一个非常热情的大男孩，他总是乐于助人，待人友好，纯真善良。然而，他的情绪却很容易波动，他常常因为别人一句无心的话或者无心的过失，就马上晴转多云，甚至电闪雷鸣、狂风暴雨。比如说在宿舍里，有的时候几个同学正在兴高采烈地聊天，高飞也加入了大家的队伍。但是说着说着，有个同学突然说：“高飞，我觉得你才是真正的娘炮……”原本，这只是舍友之间无心的调侃，但是高飞马上不顾情面地说：“我怎么是娘炮啦，你才是娘炮呢！看看你们这些人，自以为多么有男子汉气概，其实你们都是娘炮……”得了，就这么一句话，不但反驳了那位同学，也把全宿舍的同学都得罪了。

在这个案例中，高飞就是典型的歇斯底里型人格者。通常情况下，这种类型的人情绪都很极端，他们或者热情得像一把火，又或者冷冰冰的，就像是极地寒冰。和这种人交往的过程中，人们难免感到心惊胆战，因为这样的人不知道何时就会莫名其妙地爆发。人们会觉得自己像是在和一颗定时炸弹交往，怀着深切的不安全感和忐忑感。相信没有人会喜欢这样的感觉，因而人们总是对歇斯底里的人敬而远之。

情商高的人，总是轻而易举地就能解开人际交往的枷锁，帮助自己以游刃有余的姿态，在人际的社会中更加巧妙灵活地迎合周转，从而得到他人的认可和尊重。毋庸置疑，社会需要更加和谐融洽的人际关系，因为这不但有助于推动社会的发展，对于整个人类的文明和进步也有莫大的好处。

善用策略说服对方

很多沟通实际上就是说服别人的过程，也就是逐渐攻破被说服者的心理防线的过程，只有首先获取了对方的信任，让对方逐渐认同你，和你产生心理共鸣，才更容易进行交流，从而达到理想的说服效果。谈判者直觉敏感，善解人意，往往更容易攻破他人的心防，获得别人的信任。

张仪曾经游说韩国与秦国合纵，共同攻楚，韩王心存顾虑，张仪是怎样说服对方的呢？他说“韩国山地险恶，国家储备粮食不足，士兵不过二十万。秦国有百万大军，且士兵勇猛敢于赤足露身追杀敌人。山东各国的兵力虽然不错，但只有在披甲戴胄的情形下才敢战斗，而且人心不齐。两者相较就如把千钧的力量加在鸟蛋上，山东各国必然没有胜算。如今大王不服从秦国，秦国必然发兵，大王的国家就要倾覆，不如亲附秦国而共同攻楚，把战祸转嫁给楚国，还能讨秦国欢心。”

一番形势分明的分析之后，韩王释去了心中疑虑，采纳了张仪的策略。

攻心说服最基本的技巧是巧妙地诱导对方的心理或感情，以使被说服者信服。所以最好使对方获得心理上的优越感或满足，以迎合对方的心理，而千万不要试图批评或改变对方的想法。

如果话不投机，难以消除人们之间的对立情绪，使对方和你有心理隔阂，自然不愿听你说话，不愿和你亲近，也就不能达到说服的目的。

那么，我们怎么做才能获取对方的信任呢？

1.获取共同感

在尝试说服某个人时，不妨先避开对方的忌讳，从对方感兴趣的话题说起，先从情感上取得一致性，然后再从细节处扭转对方的观点，进一步赞同你的想法。比如曾学过的《触龙说赵太后》就是先说自己“偏爱小儿子”迎合了赵太后的心理，然后再说宠爱子女要“为之计长远”逐渐攻破了老太后的心防，取得了赵太后的认同，才能最终达到目的。

2.以实际案例来取得信任

很多推销者往往这样说服客户“你的同事、邻居、好朋友某某也用过这个产品或者也买了这个产品”或者“我自己也用这个牌子的护肤品，你可以看看我的皮肤”等直观的实际例子，这样更容易取得对方的信任，关键是所举例子最好是对方熟悉的、有好感的人，否则以对方讨厌的人做例证，往往引起反感，更谈不上达到目的了。

3.以自己的人格取得信任

当对方把你当成朋友，往往更容易接受你的说服。很多保险业务人员就是这样做的，他们往往不会直接说服客户，而是先和客户成为朋友，当然并不讳言自己的职业。等交情达到一定的程度以后，对方有这方面的需求，自然而然就很容易找上他们，这种长期的营销策略更容易博得别人的好感。比如有个公司，在每个节日都会为每个家庭寄上一张贺卡，并署名自己的公司，有需求的时候，人们第一想到的往往就是这个公司。这也属于一种隐晦的说服术。

4.事实更可靠

对于理性的人来说，更容易从具体的数字和资料方面分析获得信任。比如一句广告“一年卖出三万多杯，杯子连起来可绕地球一圈”就是具体的数字资料，说明其受欢迎的程度，更容易得到消费者的信任和喜欢。尤其对于业务营销者来说，想要说服某个大客户，一定要提供详细专业的技术资料和销售情况以及其他客户的反馈，才更容易得到对方的信任，对普通消费者来说，专业资料反而不容易被欢迎。

5.打消对方的顾虑

一个人对某件事情想不通，往往会疑虑重重，并不一定是对劝服者不信任，仅仅是对道理不理解，这时候就要用层层释疑的方法把道理说透，进行全方面的角度的分析，一点点释去对方的疑虑，最终使对方信服。

有这样一句格言："人的心和降落伞一样，必须是开的才有用。"想要获得对方的信任，就要使对方首先敞开心扉，取得心理共鸣。首先必须要话题投机，态度观点一致，才能让对方有知己感，进而赞同你的想法。

第 02 章

高情商就是用辩证思维让对方信服

谨言慎行，才能走得更远

常言道，病从口入，祸从口出。很多时候，人们之间之所以产生矛盾和纠纷，都是因为说话不恰当导致的。倘若我们都能管好自己的嘴巴，不该说的话不说，该说的话三思之后再说，那么我们的生活一定会多一些和谐，少一些烦恼。古人教导我们，君子三缄其口。即便不是君子，我们为了能够拥有和谐的生活，也应该三缄其口。归根结底，嘴巴应该在脑袋的思考之后再做出反应。否则，一旦嘴巴先于脑袋行动，就会在无形中埋下祸患。尤其是现代社会信息传递速度如此之快，等到我们真的意识到应该闭口不言时，往往已为时晚矣。真正谨慎的人通常是少说话，多做事。不管什么时候，做都比说更重要。也许口舌的灵活能够帮助一个人暂时获得想要的东西，但是长久下来，行为会验证人的真心。只有求真，求是，做人才能踏实长远。

为了帮助唐太宗李世民完成千秋万代的事业，长孙皇后和其兄长孙无忌，竭尽全力，一心一意辅佐李世民。后来，李世民把国家治理得国泰民安，国力也越来越强盛。为了报答长孙皇后的情分，李世民提出要封长孙无忌为当朝宰相，官位在一人之下，万人之上。还要赏赐给长孙家数不尽的金银珠宝，让其享受荣华富贵。然而，长孙皇后劝阻唐太宗："臣妾感激不尽，但既然我长孙家已经出了一个母仪天下的皇后，就不能再出高官。恳请圣上不要忘记汉朝的教训，吕家之所以遭受灭顶之灾，牵连百姓，就是因为得权得势，野心勃勃。臣妾恳请圣上，万勿提拔长孙无忌为丞相，别人都比他合适。"不承想，唐太宗感念长孙皇后的夫妻之情，也记着长孙无忌的搏命相助，依然坚持封长孙无忌为宰相。眼见无法改变唐太宗的心意，长孙皇后只得做通兄长长孙无忌的工作，让他千万不要接受唐太宗的美意。长孙皇后之所以能够青史留名，就是因为她谨言慎行，并且勒令家人也谦逊谨慎，从不居功自傲。

春秋末期，越国大夫范蠡对越王勾践忠心耿耿，尽全力辅佐勾践执政。就这样，他勤勤勉勉，辛辛苦苦地为官二十年，无数次为勾践出谋划策，与勾践一起渡过难关。后来，越国的国力越来越强盛。直到公元前482年，吴王夫差在黄池召开诸侯会议，此时范蠡抓住机会，强烈建议勾践借此机会出兵伐吴。这一仗，勾践大获全胜，还俘获了吴国的太子友。自此，吴国元气大伤，于数年后被越国消灭，吴王夫差也自杀了。自此，勾践一雪前耻。随后，范蠡协助勾践一鼓作气，称霸中原。此时，原本是尽享太平，也到了功高劳苦的范蠡享受之时。不承想，范蠡恰恰意识到危险逼近，因而收拾身家细软，带着家人悄无声息地离开国都，隐姓埋名，不再出现。在离开勾践之时，范蠡曾经劝说当时和他一起为勾践效力的文种离开，并说"兔死狗烹"。遗憾的是，文种没有听从范蠡的劝谏，贪恋荣华富贵，最终被勾践处死。

在第一个事例中，很多朝代的皇亲国戚在皇帝建功立业之时，都是左膀右臂，为皇帝尽心尽职。然而，在皇帝的地位日渐稳固后，渐渐得势的皇亲国戚却萌生造反之心，导致皇帝感到岌岌可危，不得不斩草除根。这样的结局，显然是谁都不想看到的。为此，贤明的长孙皇后力谏唐太宗，为其哥哥长孙无忌辞官。在劝说无果的情况下，又做通哥哥长孙无忌的思想工作，才能得以成功辞官，也保全了一家老小的安乐生活。不得不说，长孙皇后的谨言慎行是有先见之明的。在第二个事例中，范蠡对勾践可谓有功之臣。然而，在勾践消灭吴国、称霸诸侯之后，范蠡却敏锐地感觉到危险在逼近。果然，在范蠡隐姓埋名地出逃之后，文种被勾践处死了。不得不说，范蠡的谨言慎行是充满智慧的，也是他安身立命的明智之举。

现实生活中，有很多人都喜欢直爽直行。殊不知，直爽虽然是一种非常真诚的性格，但是却很容易伤害别人，也伤害自己。语言有的时候就像刀子，一旦扎在他人的心上，即使拔下来也会留下伤痕。那么，我们为何不在伤害之前，就努力地控制自己，不要犯下无心的错误呢！

言语严谨，不给对方反驳机会

在日常交际中，同样是说话，有的人由于词不达意而处处碰壁，有的人却口吐莲花而左右逢源。这是为什么呢？其实这就是言语的缜密性，前者言语不够缜密，经常被他人抓住“把柄”，后者言语谨慎小心，把话说得滴水不漏。在语言沟通中，无论是赞美他人，还是批评他人，我们都应该谨慎使用言语，不给对方反驳的机会，不让对方有空子可钻，以缜密的语言来影响他人心理。

春运时间，火车上非常拥挤。莉莉从河南安阳上车，无奈只买了张硬座票。她上车之后，往车厢里走，没多久看见角落里坐着三个年轻人，而那里面的位置空着，她就走了过去，问：“先生，这儿没人吧。”一位青年回答：“没有。”于是莉莉放下行李，准备坐下来休息一下。谁料在这时，中间一位年轻人突然站起来，说：“不忙，别忙着坐。”莉莉觉得很不解，那位小青年嬉皮笑脸地说：“小姑娘好像不太会说话啊。”莉莉听了这话，反问：“那你觉得我哪里不会说了？”年轻人装腔作势地说：“你应该语言谦和点，态度温柔点，比如‘大哥，这里有人吗？请问我可以坐在这里吗？’”说完，自己忍不住笑了起来。

莉莉知道这位年轻人故意难为自己，便当仁不让地说：“听你这么一说，我确实不好意思了。不过，你们既然见过世面，又有自己独特的‘礼貌’方式，见了我，就应按你们的‘礼貌’方式办事才对。”“你说怎么办？”年轻人不解地问，“那还不容易？看见我来了，就该起身肃立，躬身致礼，说：‘大姐，这儿没人，小弟请你赏脸，坐这可以吗？’唉，可惜呀，你连自己的‘礼貌’信条都做不到，还想教训别人，真是井里的青蛙，一点蓝天都没见过！”

男青年自作聪明地擅自卖弄口舌，没想到一番唇枪舌剑之后，他话语中的把柄却被莉莉抓个正着。最后，莉莉短短几句话，就反击了年轻人的“谬论”，语气中透露了讥讽之意。出现这样的结果，就在于年轻人没有使用缜密的语言，想到什么就说什么，最终败在自己的语言陷阱里。

有时候，沟通就是一场语言的战争，谁先露出了破绽，谁就先输了。由此可见，语言不仅可以为我们传情达意，而且还能够成为自己的防卫武器。一旦言语中有了空子，就给对方提供了反驳的机会，最后就有可能被对方抓住把柄。所以，为了打赢语言这场战役，我们需要谨慎使用一字一句，尽量缜言密语，为自己筑起坚固的心理防卫，不让对方抓到把柄，牢牢把握胜利的机会。

1.三思而后说

俗话说："三思而后行。"说话也一样，语言经过了大脑的思考才更有说服力，而且，也能经得起对方的检验。所以，无论是在什么场合，面对什么人，我们都需要"三思而后说"，嘴边留个把门的，这样的言语才会显得缜密、谨慎。

2.懂得随机应变

面对对方咄咄逼人的问题，有可能你会乱了阵脚，于是，那些不该说的就脱口而出。在这样的情况下，对方有可能会从你的话语中抓住把柄，并且伺机通过言语攻击你。因此，在面对别人的提问时，我们要懂得随机应变，把回答的话说得滴水不漏，让对方抓不到把柄。

可是，在现实生活中，许多人不经过大脑思考就脱口而出，常常会因为言语中出现的漏洞而被对方反将一军，或者自作聪明地认为自己掌握了话语主动权，但是，却在无意之间就让对方抓住了把柄，最终只能以惨败收场。所以，我们不仅要善于言辞，更要会说话，努力把话说得滴水不漏，不让对方抓住把柄。

严丝合缝，有条不紊

说话要注意言之有序，也就是说话内容有主次之分，换句话说就是有条理。说话需要有一个总的目标，说话是否达到了预期的目标，就要看它是否被听众所理解、所接受。也只有听众理解了、接受了，才能证明你的说话是成功的。反之，如果你的话语不分主次，没有目的性，听众一头雾水，似懂非懂，这就意味着说话失败了。

说话的这个特性决定了说话者必须站在听众的角度上，按照听众的理解能力和接受能力联系实际、深入浅出，让你的说话内容展现一个清晰的目标以及重点。即便有时你需要含蓄隐晦地表达，也必须说话有条理，不能含糊不清，指令不明，这会让听众难以理解。

言之有序与一个人的思维能力有重要关系，思维是否清晰，将决定着说话是否有主次。比如，当我们在叙述一件事情的时候，需要一定抓住这件事情的重心，有顺序地进行叙述，语言要清晰、明白。千万不能东一句、西一句，让人听了不知道你到底在说什么。总而言之，说话有次重点，才能突出中心，彰显语言的逻辑性，否则说话就如同一盘散沙，不仅听众不知道你说的是什么，就连自己也是如坠云里，摸不清东南西北。

所以，要想说话有条理、言之有序，那就应该注意以下几个问题：

1.注重语境

说话一定要切合语境，就是指你要根据你说话的客观环境，包括时间、地点、目的以及说话的内容等来开始发表你的说话，这样才能更准确地表达自己的想法。有的人不管语境，而是自顾着自己说，结果他在台上面说了大半天，台下面的听众还是不知道他所表达的意思到底是什么。因此，说话的内容一定要与你讲话的时间、地点与场合相对应，否则就有可能让下面的人摸不着头脑。

2.突出重心

说话时，就应该明确自己说话的目的。坚持话由旨遣的原则，明确你说话的目的，是说话取得成功的首先条件。只有明确了目的，才知道应准备什么话题和资料，采取哪种语体风格，运用哪些技巧，从而能够有的放矢，临场应变。如果目的不明，不顾场合地信口开河、东拉西扯，对方就会不知所云，无所适从。

3.多想才能言之有序

想是让思维条理化的必由之路，在实际生活中，许多说话者并不是不会说，而在于不会想，最后想不明白自然也就说不清楚。在说话中，如果你需要说一件事或介绍一个人，那你就要认真地想想事情发生的时间、地点以及过程，或者想想人物的外貌、特征等。如此有了条理化的思维，你才会让自己言之有序。

说话一定要目的明确，你说话需要达到一个什么样的目的，你才会为了达到预想的目的而调整自己的说话内容。如果一开始你就没弄清楚哪些是主要的哪些是次要的，只是在那里东拉西扯，那就会让你的表达不明确、不清晰，而下面的听众对你的说话也是听不出个所以然了。

不要在同一个地方跌倒两次

和祸从口出相比，言多必失显然是老祖宗留给我们的比较中肯的建议。的确，一个人如果从来不说话，绝对不会因为失言给自己带来麻烦。与此相反，假如一个人整天都唠唠叨叨说个没完，那么难免会因为说话太多，导致有所失误。即便如此，我们却不能因为害怕犯错，就不说话，从此闭口不言。归根结底，每个人都是社会的一员，都是社会群体中的一分子。每个人的生存都离不开与他人的相互配合和帮助，唯有搞好人际关系，才能更好地活着。那么，要想避免言多必失，我们就只能长长记性，不要因为自己总爱忘记的原因，导致同样的错误犯两次。换言之，假如一个人走路时掉进了一个坑里，那么他下次再经过这条路时，一定会非常小心，提前就提醒自己注意。说话也是如此。当我们一不小心祸从口出之后，就应该注意避免在同样的人或者相似的情境中，再犯类似的错误。尽管我们常说没有人能避免犯错，还说人们就是在错误中成长起来的，但是，我们依然不能总犯同样的错误。否则，我们的成长就会过于缓慢。

在远古时代，有个恶魔为非作歹，祸害人间。直到有一天，人们不堪忍受，到深山里找到神仙，并且央求神仙帮助他们除掉这个恶魔。神仙很好心，他不想杀死恶魔，又不忍心看到人们受苦，因而想出了一个好办法。他用一个瓶子，把恶魔收进瓶子里，沉入海底。如今，已经五百年过去了。恶魔被关在瓶子里，每天听着海底暗流涌动，不由得心急如焚。他暗暗许下誓言：假如有人把我从瓶子里救出来，我就吃掉他。

有个渔夫非常勤劳，几乎每天都要出海打渔。然而，近海的鱼越来越少，他不得不去深海中打渔。有一天，他接连撒了好几次网都一无所获，直到最后一次撒网，才网到一个非常古老的瓶子。渔夫很好奇，用力把瓶盖拧开。突然之间，瓶子里涌出一股绿色的浓雾，转眼之间，这股浓雾就变得比山更高。渔夫定睛一看，原来是一个无比高大凶悍的恶魔。他很紧张，却故作镇定。恶魔哈哈大笑，无比得意。他张狂地说："老头儿啊，假如你早一百年把我救出来，我一定好好感谢你。遗憾的是，你好事做得太迟了。我早在一百年前就已经许愿，我要吃掉那个救我的人。"渔夫很害怕，他壮起胆子说："您吃掉我没关系，不过，临死之前，我想知道你比山还高，是如何钻进这个小小的瓶子里的呢？"恶魔狡猾地笑了，说："老头儿，你可真歹毒啊。我知道，你是想把我骗进瓶子里，再把我关住。我可没有那么傻！你知道吗，我五百年前被关进这个瓶子里时，就已经听过这个老套的故事啦！""啊？想不到你这么博学多才呢，连这个故事都听过。那么，你有没有听过苏格拉底说的话呢？"恶魔不屑一顾地说："哼，我岂止听说过苏格拉底的话呢！我还收藏了苏格拉底的著作呢！"渔夫哈哈大笑，嘲讽地说："别逗了，你是魔鬼，怎么可能还收藏人类的书呢。你空口说白话，谁不会呀！"说完，渔夫更加夸张地笑起来。这时，恶魔大喊大叫道："我这就把书拿出来给你看，你可别逃跑！"说完，恶魔又化作一团浓烟，缓缓地钻进瓶子里。渔夫丝毫不敢耽误，立刻拿起旁边的瓶盖，将其紧紧地拧在瓶口上。

虽然恶魔知道自己的同类曾经被人类的骗术骗过，因而戒备心特别强。然而，狂妄的他最终还是因为多言，又中了渔夫的圈套。同样的错误，恶魔犯了两次，简直是不可原谅的。虽然这只是一个童话故事，但是作为普通人在生活中同样面临很多语言的陷阱。唯有不卑不亢，保持一颗淡定平和的心，我们才能保持理智，更好地应对他人故意激怒我们的言行举止。

人生，总是在错误中成长。作为一个努力积极向上的人，我们必须时刻总结经验和教训，才能避免犯同样的错误。尤其是在生活中，有些人总是喜欢逞口舌之快，往往会导致哑巴吃黄连，有苦说不出。

逻辑清晰，有理有据

在生活中，有不少人在公众场合根本说不好话，明明是经过精心准备的，可一到了台上，脱离了稿子，就说得结结巴巴的，甚至词不达意。发生这样的现象就是由于思维的敏捷度不够，或者说思路不够清晰。和写文章不一样，说话不能停下来多作思考，而是必须一句接着一句，如此就要求思维敏捷，前后连贯，不能吞吞吐吐，更不能逻辑混乱。

有人或许会有疑问，说话是动嘴，思维是动脑，这两者之间有关系吗？答案当然是肯定的，而且还存在着很密切的关系。通常那些思维敏捷的人总是张嘴就来，反应速度很快，无论是自己被刁难时，还是需要回答问题时，他们都能快速地组织好语言，可谓巧舌如簧。而那些思维不够敏捷的人，说话时经常短路，反应迟钝，经常比别人慢半拍，并且见解不深刻，没有创新的思维，经常是人云亦云，思维狭窄，没有新意，言语没有力度。

一个人口语表达能力的高低取决于其思维能力的强弱，如果你想提高自己的口语表达能力，那只能先提高自己的思维素质以及能力。比如，我们在说话中存在的，诸如条理不清、语言干瘪、无话可说等现象，这都属于思维的范畴。

有些场景的变化是出人意料的，作为说话者来说，如果思维不敏捷，应付不好，就会使自己陷入某种困境。这就需要说话者具备敏捷的思维，善于变换切入角度，灵活地应付和驾驭各种局面以及场景。

那么在说话的场合，需要什么样的思维才能提高思维的敏捷度呢？首先是辩证思维，也就是正反两方面看问题，一分为二地看问题，这样就可以让你看问题更有高度；其次是分析思维，这可以让你看问题有广度，不仅看问题比较全面，而且你言之有理，因为你把问题分析开了，具体了，这样就解决了许多人无话可说的情况；最后是逆向思维，这可以让你更深层次地看问题。

总而言之，思维就是说话重要的基石，需要不断地练习，通过这几种思维方式来练习说话，假以时日，你就是一位思维敏捷的说话大师。

那如何训练出说话的敏捷思维呢？

1.掌握相当多的知识

思维敏捷来自于丰富的知识结构，你所掌握的知识越多，你说话时的思维就越活跃，越敏捷，因为大量的知识让你触类旁通，左右逢源，毫无思维短路的感觉。因此需要博览群书，不断地扩大自己的知识面，增加自己的知识量，说话之前做好充分的准备，熟悉你所需要表达的内容。

2.尽量多说

在各种场合都需要尽量地多说话，而且是主动地说话，在公司会议上踊跃发言，哪怕你给家里的老人读读报纸也可以，看完了电影或者小说，可以向朋友复述电影、小说的情节内容。这样你的思维就会逐渐敏捷，口齿也越来越伶俐。

语言就好像思维的外壳，思维则是语言的基础。说话，既需要讲究方法，又需要训练思维，如此才能真正地做到内外兼修，也才能突破说话的瓶颈，同时让我们的说话水平依托着敏捷的思维而渐入佳境。

言说重点，一目了然

在说话时，语言表达需要有层次，这样所说的话才容易被听众把握。我们在交流思想、介绍情况、陈述观点、发表意见时，为了使听众可以快速了解自己的说话意图，领会要领，往往需要有层次的语言表达方式。说话有层次，也就是有道理，语言有概括性，这样的说话所产生的是一目了然的正向效果，当然听众更容易把握其中的内容。

说话有层次感，也就是将你所说的内容按主次顺序、逻辑顺序清楚地展现在听众面前。有的人说话不分轻重，他们先挑不重要的说，说了半天才开始转入正题，这会让听众产生错觉，误以为会把前面洋洋洒洒说了大半天的内容当作是主要的，而将后面的当作次要的，这样一来是本末倒置了。

那么，如何让自己的语言表达更有层次感呢？

1.说话需要按主次顺序而来

通常人们说话都是先说重要的，再说次要的，这样的说话，听众听了就会很清楚说话者所传递的信息到底是什么。因此，说话时也需要按照这个顺序，千万不能颠倒顺序，这会让你的说话如同一盘散沙，听众也分不清楚哪些是重要的，哪些是次要的。

2.逻辑分明，多用连接词

当我们在说到一个问题的时候，需要多用一些连接词，比如“首先要树立远大而崇高的理想，其次要制定明确而实际的目标”，明确先说什么，后说什么，体现较强的逻辑性，使整个语言表达层次鲜明。

在说话中，我们要提纲挈领地把问题的本质特征表露出来，达到“片言以居要、一目能传神”的效果。此外，在语言表达的过程中，要善于将所表达的东西划分开，哪些是重要的，哪些是次要的，哪些是先说的，哪些是需要留到后面去说的，这些问题都需要认真考虑，以此才能让自己的语言表达更有层次感。

第 03 章

高情商就是把握分寸，给他人留有余地

留有余地，才能应对自如

生活中，经常有人说话时情绪激动，咬牙切齿，恨不得在话一出口的时候，就用严厉得不能再严厉的语气，将其刻在石头上。这样决绝的态度，这样咬牙切齿的面目，导致不管说出多么中肯和合情合理的话，也很难让人接受。世上好心办坏事的例子并不少见，究其原因，就是因为人们在做事时没有留下回旋的余地，导致遇到突发情况时，只能继续硬着头皮往上冲，根本不能退缩，或者做出其他更合理的选择。其实，不仅做事如此，说话也同样需要注意这一点。一旦把话说绝，当事人都无法抹开面子，就算想回旋也没有台阶下。从某种意义上来说，语言只是沟通的介质，并不是实质性的内容，何必在说话时过于较真和激动呢？！常言道，有理不在声高，当然，决心也无须用决绝的话表达出来。真正让人敬佩的是这种人，他们说话时总是温言细语，柔声细气，但是似乎有一种不怒而威的力量，让人不得不重视他们所说的每一句话，将其牢牢地记在心间。而且，你绝不可能从他们口中听到失去理智的话，甚至他们还会给你很多可能性供你选择，这就是不卑不亢，绵里藏针的语言智慧。在这样的语言智慧下，当事人可以非常从容地做出选择，根本无须担心自己的话会把自己或者他人逼入死角。

现代社会，很多人都脾气暴躁。也许是因为生存压力巨大，也许是因为生活中的诸多不如意，总之，他们就像是工艺粗糙的炮仗，轻而易举地就会被点炸。如果两个这样的年轻人遇到一起，争执也会随之而起。实际上，说话决绝有什么好处呢？不但是逼迫别人，也是逼迫自己，甚至还会把事情弄得更糟糕。真正聪明理智的人，会保持良好的心态，以最友好的方式和他人交流，这才是解决问题的根本办法。尤其是在职场上，很多人一旦工作上有了突出的表现，就会恃才傲物，不把所有人看在眼里。殊不知，人外有人，天外有天。只有摆正自己的位置，努力做好自己该做的事情，一如既往地尊重同事，你才能拥有更加平坦的职业生涯。

万事万物都处于发展和变化之中，在对待一切问题时，我们都应该以辩证唯物主义的眼光客观分析，再以发展的眼光随时保持调整的状态，这样才能与时俱进。很多人喜欢墨守成规，即使做错了事情，也拒绝认错。还有些人则善于据理力争，一旦占据道理，就得理不饶人。这样的行为，都只会给我们带来伤害。俗话说得好，人是活的，石头是死的。作为灵活的人，我们必须根据现实情况调整心态，把握人生。在这个世界上，任何奇迹都有可能发生，任何意外也有可能随时出现。我们必须灵活地运用语言，才能更好地协调人际关系，更融洽地与人交流。

为了研究说话的分寸，美国斯坦福大学的两位学者曾经专门展开了一项实验。在这个实验中，实验对象是若干家庭主妇，实验的目的则是研究如何有余地地说话，才能让自己的请求不被拒绝。

他们首先打电话给约翰太太：“您好，我是消费者协会的工作人员。为了了解消费情况，我们想请教您几个问题，是关于家庭日常消耗品的。”“好的，没问题。”约翰夫人很容易就答应了。随后，他们提问了几个关于沐浴露和洗发液品牌的问题。过了几天之后，他们又打电话问约翰夫人：“您好，我们前几天打过电话给您。为了调查更加深入，我们能否派出几个工作人员去您家里，亲自和您探讨关于家庭日用品消费的问题？”结果，约翰夫人只思考了几秒钟，就表示欢迎。

为了对实验结果进行对比，他们又对其他家庭妇女进行了不同的实验。在这一组实验对象中，他们首先打电话给亨利夫人：“您好，夫人，我是消费者协会。为了了解情况，我们想派出几个工作人员去您家里了解情况，希望您能同意。”不出所料，亨利夫人坚决表示拒绝。甚至在给其他实验对象打电话时，他们刚刚说了去家里了解情况的请求，电话就被挂断了。

接受陌生人来自己家里，这本来就是一个很容易遭到拒绝的请求。然而，两位学者先是采取了迂回曲折的方式，让事情留有余地。对于在电话里简单回答几句，人们还是更容易接受的。因而，第一种方式首先从心理上打开了约翰太太的防范之门，接下来几天之后才又提出不情之请。在第二个实验小组中，实验者一上来就提出了让人马上就会产生警惕心理的请求，因而很难行得通。此外，第一种方式中，大多数采取疑问的方式，征求被实验者的同意。第二种方式中，则是以通知的方式，不给实验对象选择的空间。这样一来，自然更容易导致实验对象的反感。

不管什么时候，我们与人交流都应该留有余地，这样才能回旋自如。假如总是说起话来咄咄逼人，则很容易让人心生反感，自然也就难以得到对方的理解了。

点到为止，不必太透

常言道，良药苦口利于病，忠言逆耳利于行。古人留下的这句训诫，至今让很多人误以为必须声色俱厉，才能说出对他人有帮助的话。然而，如果你帮助了别人，你声色俱厉的建议被别人接受了，但是你因此而得罪了这个人，让他再见到你时横眉怒目，恨不得躲着你走。这样的结果，未免让人感到遗憾。现代社会讲究高情商，很多事情都可以以迂回曲折的方式解决，包括说话，包括训诫，也都可以以委婉的方式进行。既然如此，我们为何不能以容易让他人接受的方式，表达我们的劝诫，让他人乐于接受，还能在受益之后感谢我们呢？这样皆大欢喜的结局，岂不是更好？

常常看到有人在批评或者指责他人时，总是一遍又一遍不留情面地呵斥。这样的做法，无异于让对方丢尽脸面。即使是三岁孩子，也会觉得无地自容。最终的结果或者是引起逆反心理，或者是导致分道扬镳。

事实上，说话也要分情况。有些人自尊心很强，内心也非常明白事理，如果他只是因为一时糊涂犯错误，那么最好的方式就是点到为止。如果有的人厚颜无耻，总是一而再再而三地犯错误，即使说了很多遍也不管用，那么就应该想想除了语言之外，还有什么其他的方式可用，以督促他恢复自尊和自信，更有尊严地活着。总而言之，就算对待小孩子，也不要一味地批评，毫不留情面。很多话，根本没有必要说得那么透，点到为止就好。

古人常说，一字千金，字字珠玑。这些词语都是用来形容语言的宝贵。试想，如果一个话痨整日对着你唠叨，你还会把他的话听进心里吗？你只会将其当作耳边风。相反，如果一个人平日里惜字如金，偶尔对你说几句点拨的话，你一定会凝神细听，还会认真反省自己，从而更好地改进自己。这样说话，才是真正的忠言不逆耳，才能达到目的。商朝末年，商纣王非常昏庸，整日沉溺声色。为了国家，丞相比干冒死进谏。一次、两次、三次……最终，商纣王一气之下，将其处以剖心的死刑。这样的劝谏方式，尽管表现了比干的深明大义和视死如归，却死得不值。如果比干能够采取一种更合适的方式，不但能保全自己的性命，还能让商纣王采纳他的进谏，改变昏庸的作风。当然，比干已经死了数千年，这条经验和教训，只能留给后人享用啦。很多时候，把话说得太透，不给对方留颜面，反而会导致事与愿违的结果。聪明人不会处处咄咄逼人，而是手下留情，让对方自我反省，自我提升。

很多事情，我们在做的时候都要留有余地。很多话，我们在说的时候，也要留有余地。因为很多人和事，一旦看透说透，就会让人兴致索然。真正聪明的人，会把话说得恰到好处，看破而不说破，才能给自己和别人都保留更大的空间。

文质彬彬，彰显君子风度

何为君子？自古以来，男性都以自己被形容为君子而自豪，但是，有多少人真正了解君子的含义呢？后来，随着西方思潮的涌入，男性朋友们与时俱进，开始向着绅士努力，希望自己成为真正的贵族和绅士。然而，有名人说了，三代才能成就一个贵族。这无疑告诉我们，贵族并非是想当就能当的。总而言之，君子也好，绅士也罢，甚至只是精神上的贵族，都需要我们潜下心来，提升自己的综合素养，提高自己的气度涵养。古人云，宰相肚里能撑船，但是即便是宰相，也未必能被尊为君子。由此可见，气度只是成为君子的必备条件，除此之外，君子还应该谦和有礼，宽容博爱。

生活中，很多人以君子自居，一旦遇到事情时，马上就会表现出本来面目。尤其是有些男人，心胸甚至不如女人开阔，总是小肚鸡肠，斤斤计较。这样的男人，无论如何也无法成为君子。君子所为，表现在很多方面。有一种情况，一定能被称为君子，那就是得理让人，以德报怨。和那些得理不饶人的男士相比，有些男士虽然占理，但是却不会一味地讲理，与他人辩驳。要知道，所谓的道理无非是人们衡量很多事情的天平。然而，每个天平的准星未必都是一致的。因此，我们既要学会欣赏他人，也要学会接纳他人的不同意见和看法。真正的君子，得理也会让三分。甚至在遭到伤害时，他们也能做到一笑置之，不计前嫌。这才是真君子。这种君子的气度和胸怀，必然使君子得到更多的尊重和敬爱，也使君子成为人群中最夺目的明珠。怎么样，你觉得自己具备成为君子的品质吗？

马玉是个特别老实的人，也很善良。在和美丽的妻子结婚之后，马玉一直心甘情愿、无微不至地照顾妻子。然而，妻子却总是嫌弃他没本事，挣不到很多钱，因而整日对他颐指气使，横鼻子竖眼睛的。结婚四年多时，妻子怀孕了。马玉高兴极了，每天都鞍前马后地伺候妻子，给他做各种好吃的。然而，在妻子生产之后，马玉却意外得知这个孩子不是他的，而是妻子和初恋情人婚外情的产物。得知这个消息，马玉简直如同遭受晴天霹雳，整个人都失魂落魄。一气之下，他打了妻子一个耳光。妻子抱起孩子，跑进了茫茫的黑夜中。

冷静下来之后，马玉很担心妻子和孩子，因而出门寻找。然而，一个噩耗传来，妻子在奔跑中被车辆撞倒，离开了人世。孩子虽然也受到伤害，但是经过抢救顽强地活了下来。马玉懊悔不已，他一个人默默地开始抚养这个孩子，作为对妻子的赎罪。他没有再娶，因为他怕孩子受罪。就这样，直到孩子顺利考上大学，马玉才把事情的真相告诉孩子。孩子泪流满面地说：“爸爸，你永远都是我爸爸。妈妈的死不怪你，你是真正的君子。”

在面对妻子与初恋情人发生婚外情所生的孩子时，马玉最初感到愤恨，甚至一气之下打了妻子一个耳光。意外总是不期而至，妻子被车辆撞倒失去了生命。至此，马玉不再恨妻子，而是对这个无辜的孩子充满怜爱。为了这个孩子，他终身未娶，把自己一生的心血都倾注到孩子的身上。如果他的妻子在天有灵，也一定会感谢马玉。不可否认，马玉是君子所为。他以德报怨，不但没有丢弃孩子，反而尽心竭力地抚养孩子，这是远非普通人能够做到的。

生活总是喜欢与我们开玩笑，在一个又一个波折面前，我们是选择随波逐流，还是选择坚定自己的内心，坚守自己的灵魂。真正的君子，不会以牙还牙，而是坚持自己的原则做事，对得起自己的良心。尤其是在大是大非面前，君子一定会坚持初衷。然而，生活中哪有那么多的大是大非呢？在大多数人都变得越来越冷漠时，唯有君子，保持着一颗温暖的心来对待他人，接纳世界。

察言观色，注意场合

有这样一句俗语："哪壶不开提哪壶"，意思就是说：说话不注意场合就容易失去分寸，更会使我们所说的话的本意出现扭曲，造成双方不快。

在现代社会的交际中，一个年轻人的说话能力往往决定了他的人际关系。年轻人要懂得投其所好的道理，不要揭别人的短，很多时候，装装傻倒可以让你赢得更多的赞同。而如果你非要表现自己擅于“发现”的能力，非要哪壶不开提哪壶的话，不但不能让你和对方在感情上更进一步，反而会惹人讨厌。

在不同的场合，年轻人说话的时候要讲究一些技巧，才能让你给对方留下一个好印象，加深你们之间的感情。说话的时候要三思而行，不要心急口快，你要考虑一下这是不是触及到了对方的敏感区域，是不是对方所忌讳的。发现了别人的缺点和错误更不能马上指出来，这样会让对方下不来台，局面也就尴尬起来。要把“那壶没开的水”放在那里，别去“提它”，避开别人的短，这能让你在与人交流时，博得对方的好感，令双方的感情迅速升温。因为别人会发现你的通情达理，会发现你是个会站在别人角度考虑问题的人。

早年毕业于某高等院校中文系、辛辛苦苦工作了几十年的张老师退休了，为此，学校准备给他和另外一个老同志一起办一次欢送宴。同时，学校还借此机会，让学校里刚来的几个新老师和张老师见一下，为了日后的教学工作可以向他请教。相比之下，对那位曾多次荣获过“先进”的老同志的美誉则尤多。当两位受欢送的退休老同志致辞的时候，他们对大家的赞誉做了深情的感谢。一时间，会场里充满了一种令人动情的温馨气氛。作为答谢，话本该说到这里为止；然而，张老师却并未就此打住，却由人们对另一位“先进”的赞扬中引起了感触，并做了颇为欠妥的联想和发挥：“说到先进，很遗憾，我从来也没有得过一次……”话犹未尽，坐在他对面的刚来的青年教师突然抢了话头：“不，我听说了，那不是你的错，是那些老师不好，不是你不配当先进，是怪他们没有提你的名。”话语中让人听着似乎带着一种不肯饶人而又让人难堪的“刺”。冷不防，张老师的眼角眉梢被“刺”出了一股感伤的表情，一时间会场中出现了一种怏怏不悦的尴尬气氛。一位领导见势不对，马上接过话茬儿，想把气氛缓和一下。照理说，这时，他应避开“先进”这个敏感的话题，转而谈论其他。然而，他却反反复复劝慰张老师，叫他对“先进”的问题不要在意，说没有评过先进，并非等于不够先进，先进不仅仅在名义，当然还更要看重事实等，一席话，也就等于把本应避而不谈的话题做了重复与引申，使本已尴尬的局面显得更加尴尬。

这样一个本来很欢快的气氛就因为那个青年教师的揭短而变得尴尬了，而这个领导更是火上浇油，虽然他的本意不在此，可是却将场面变得更加尴尬。这个场合对那个青年来说本来很重要，因为这是他和张老师的第一次见面，这次见面本来可以加深他和老教师之间的感情，可是却因为他不小心，“哪壶不开提哪壶”。可想而知，事情之后，他给老教师们留下的也是很坏的印象，老教师也就不可能会把几十年的工作经验向他传授。

揭别人的短就是让别人陷入了尴尬的境地，你想，一位勤勤恳恳工作了一辈子的老前辈即将退休时，却让你这个不懂人情世故的后生毁了形象。他肯定心中不快，自然你和他之间不会加深感情，反而会让他对你产生厌恶感。

所以，作为二十几岁的年轻人，在和人打交道时，千万别“哪壶不开提哪壶”，这样会让对方很尴尬，想加深感情更是无从谈起，年轻人应该掌握灵活的说话技巧，才能让你的人际关系越来越好。

别轻易和对方开玩笑

有的人喜欢开玩笑，以此来活跃气氛，消除双方之间的陌生感，这确实是一个与人建立融洽关系的有效方式。但是，也有不少人在初次见面时就同对方开玩笑，试图消除刚见面的陌生感，却不承想起了相反的效果。其实，玩笑是不能随便乱开的，尤其是面对自己不了解的人，更不能随便同对方开玩笑。因为你稍有不慎，把握不当，不仅不能缓和气氛，还会适得其反，给双方关系都造成难以弥补的裂痕，这也会直接导致我们人际关系的破裂。因此，你在不了解对方的时候，就不要轻易地同对方开玩笑。

我们不可否认玩笑有它的作用性，如果你能够把握得当，它在很多时候都能够起到活跃气氛的作用，缓和初次见面的紧张感和生疏感。但这样的适度玩笑也是建立在合适的时间、合适的地点、合适的环境以及合适的对象身上，它才会产生出这么大的作用。相反，如果你同一个不了解的人随意地开玩笑，就免不了会产生误解，或者伤害到对方，甚至有时候会给自己带来杀身之祸。

刘备进入蜀地之后，曾经与益州的刘璋在富乐山相会，当时正好碰到了刘璋的部下张裕。刘备见张裕面脸胡须，就开玩笑说："我老家涿县，姓毛的人特别多，县城周围都住满了毛姓人家，县令感到奇怪，就说'诸毛为何皆绕涿而居呢？'"在这里，刘备巧将"涿"借此为"啄"，意在取笑张裕那张被一脸黑毛遮住的嘴巴。

不料张裕回敬道："从前有个人先是任上党郡潞县县长，后来又迁至涿县做县令。有人正好在他上任前回老家探亲时给他写信，于是便在称呼上犯了难，一时不知称他为'潞长'，还是'涿令'，最后只好称他为'潞涿君'。"在这里，张裕也巧妙借此取笑刘备脸上无毛，立即引得满座哄堂大笑。当时，他们两人不过是开开玩笑，张裕并不在意这件事，但刘备却因自己占了下风而一直耿耿于怀。

后来张裕投到刘备麾下，刘备竟找了个借口，要杀张裕。诸葛亮请刘备宣布张裕罪状，刘备说不出什么理由来，竟称："芳兰当门而生，不得不锄去也。"

由于张裕对刘备一点都不了解，就对其玩笑进行回敬。哪晓得刘备心眼小，一直因自己占了下风而耿耿于怀，于是张裕就这样因为一句玩笑话而掉了脑袋。

当我们与陌生人交谈的时候，为了消除双方之间的陌生感，适当的玩笑是可以的。但是，在这种不了解对方的情况下，开玩笑需要慎重，既要选择合适的场合、合适的环境，还需要考虑到对方的性格特征、对方当时的情绪，除此之外，我们还需要把握好玩笑的内容，确保是内容健康、情调高雅的。当你把这些所有的因素都考虑进去了，再同对方开适度的玩笑，就可以为你的印象加分不少。

那么，具体来说，开玩笑所要考虑的因素都是指什么呢？

1.合适的场合

你同对方开玩笑也是需要选择合适的场合，不能随便在一个场合就开玩笑。比如，在一些庄重的集会或重大的场合就不适宜同对方开玩笑，还有一些有着浓厚悲伤氛围的场合，也不应该同对方开玩笑。这样的场合情况下，如果你同对方随意开玩笑，只会增加对方的不悦情绪，进而对你没有任何好感。因此，开玩笑需要选择合适的场合，必须是双方都处于一个心情愉悦的情况下，你的玩笑才能够发挥出它的作用。

2.对方的性格

每个人都有各自不同的性格，有的人活泼开朗，有的人爽快豁达，有的人比较内向，有的人则比较敏感。并不是所有性格的人都能够接受玩笑。如果是面对个性比较开朗的人，则可以适当地开玩笑，活跃气氛；如果是面对比较敏感的人，则不宜开玩笑，有可能会伤害到对方。另外，对女性来说，开玩笑要适度；而对于老人来说，开玩笑则需要注意到给予对方尊重。总之，你开玩笑是需要在不伤害对方自尊心的前提之上，开玩笑的目的是为了营造出轻松愉快的谈话氛围。

3.对方的情绪

你在同对方开玩笑的时候，还需要考虑到对方的情绪。如果对方正处于情绪低落，或者正处于极度悲伤的时候，那么这时候就不应该同他开玩笑，否则别人会以为你是在幸灾乐祸。开玩笑的时机也是在双方心情都保持愉悦的情况下，或者双方之间出现了点小矛盾，你可以通过开玩笑使对方心情有所好转。

4.内容健康、情调高雅

当你在开玩笑的时候，还需要选择健康、情调高雅的内容来开玩笑。尤其你在面对对方的时候，切忌拿对方的缺陷来开玩笑，把自己的快乐建立在别人的痛苦之上是不道德而且令人反感的。还要避免开庸俗无聊、趣味低级的玩笑，开玩笑的内容既是健康、情调高雅的，能够启迪人、教育人，使你们在欢笑之余，还能够从中学到更多的东西。

一般而言，玩笑是人际交往中的润滑剂，能够缩短交往双方的心理距离，能够活跃气氛，能够化解尴尬的窘境。如果你能够在交际中恰当地运用这一技巧，就会使你成为交际中的高手。但是，你一定要记住：开玩笑也是需要合适的场合、合适的环境，面对合适的对象，这样才能使玩笑发挥出更大的作用，进而建立融洽的人际关系。

第 04 章

高情商就是进退有度地把握话语主动权

不卑不亢才能达到目的

生活不会总是一帆风顺，反而常常让我们觉得无奈和焦虑。那么，当生活不如意时，怎么办呢？也许有人会说，应该继续努力，这样才能更好地改善生活，让它向着我们期望的方向发展。然而，还有很多不如意是人为导致的。人是群居动物，每个人作为社会的一员，在人群中生活和工作。如此一来，因为每个人的脾气秉性都是不同的，就很容易发生矛盾。这也是人际关系的难题。简单来说，人际关系就是人与人的相处；复杂地说，人际关系是人们像刺猬一样依偎在一起取暖，既要顾全自己，也要顾全他人。因而，人际关系就成了当代的头等难题。尤其是现代社会，人们必须相互合作和协调，才能更好地生活与工作。如果人际关系不顺，则影响方方面面。

与人友好相处，这当然是每个人都明白的道理。例如，我们从小就被教育要懂礼貌，尊老爱幼，尊敬长辈，遵从上级的安排，不要欺负弱小，等等。然而，并非是我们不犯错误，就没有矛盾产生。这就像是你开着车在路上行驶，你遵守交通规则，并不意味着绝对不会发生意外。

一个经验丰富的司机，知道不但要保证自己遵守规则，也要时刻防范着他人不会违规操作，只有两方面配合，才能避免意外的出现。做人做事也是如此，我们在规范自己言行的同时，也要协调他人，才能让生存环境更美好。那么，当你受到他人的恶意欺负时，应该怎么办呢？是奋起反抗，还是忍气吞声？这两种办法，对于整日在一起的同事而言，显然都不是最好的办法。思来想去，还是应该表达自己的情绪，这样才能避免再次被欺负。当然，也要注意不能撕破脸皮，这样才能继续在自己需要对方的时候保持合作的关系。这就要求我们要不卑不亢，说起话来必须绵里藏针，让对方意识到你虽然不主动欺负人，但也并不是好欺负的。

高中毕业后，叶子没有考上大学，就进入一家理发店，跟着师傅学手艺。基本功的练习时间是三个月，在这三个月里，叶子学会了很多理发的技能。眼看着三个月时间到了，叶子被获准为顾客理发。当然，这个时期她的水平还不稳定，依然需要师傅的全程指导。有一次，一位年轻的男士来到店里，并没有指定理发师为他理发。因此，师傅让叶子为男士理发。理完头发之后，原本一声不吭的男士似乎觉察到叶子是新手，因而挑剔地说："哎呀，我一个不注意，你怎么就把我头发剃得这么短呢，这让我怎么出去见人啊！"看到男士挑衅的样子，叶子很紧张，不知道说什么才好。这时，师傅走过来说："这位先生，请问您有什么问题？"男士再次表达不满，师傅不卑不亢地说："现在是夏天，如果没有特殊要求，我们都会为男士理得比较清爽些。您不觉得，这样更精神、更干练吗？我觉得你理发之后，比刚刚进门时，年轻了好几岁呢！”听完师傅的话，男士无言以对，只好笑笑离开了。

第二天，叶子又负责给一位女士理发。这位女士想把长发剪短，说夏天太热了。看着女士的及腰长发，叶子久久下不去手，再三和女士核实，才帮其剪掉头发。理完发之后，女士觉得头发留得有些长了，坚持让叶子给她打折。叶子连连摆手，说自己没有这个权利。看到叶子为难的样子，师傅走过来，对女士说：“女士，您一看就是非常有素质的人。我觉得，看你的谈吐气质，您一定事业有成，也许是个领导吧。虽然现在是夏天比较热，但是以您的身份地位，并不适合剪得太短。这样长一些显得很有内涵，而且符合您的气质呢！”听到师傅的话，女士觉得很满意，便付款走了。这时，叶子敬佩地对师傅说：“师傅，您太厉害了，短有短的好处，长有长的理由。”师傅笑着说：“叶子，在以前，理发是个下等活儿，一向不受人尊重。的确，理发是伺候人的活儿，而且很有可能要和三教九流、不同品性的人打交道。所以，你除了练习理发的技巧之外，还要学会如何绵里藏针地应对客户的挑剔。昨天和今天的这两个客户，都是想在理发之后挑点儿刺，要个折扣。只有不卑不亢地对付他们，他们才能偃旗息鼓。”叶子连连点头，说：“我知道，师傅。赞美他们，抬高他们，也表明我们的态度，他们就不好意思继续扯皮啦！”师傅笑着说：“孺子可教也。”

在这个案例中，师傅每次出面都不卑不亢地应对客户的刁难，并且还会给客户戴高帽子，赞美他们，如此一来，客户自然不好意思再继续为难他们。在这种情况下，如果与客户吵闹、辩驳，反而会导致事态更加严重。师傅的做法，无形中化解了矛盾，也让客户看到无机可乘，只得乖乖结账走人。

生活中，不仅仅是理发师要面对不同的人。作为每一位社会成员，都有机会与形形色色的人打交道，也就注定了我们要面对不同的情境。当遇到类似的情况时，我们既不能服软，也不能故意激怒对方。最好的做法就是绵里藏针，无形之中让对方领悟到你的坚定态度，使其认清形势，从而乖乖地改变态度。

用玩笑话回应争执

在人与人相处的过程中，由于每个人的利益出发点不同，也因为每个人的脾气秉性不同，难免时常发生摩擦和碰撞，导致出现不愉快的局面。这种尴尬的时刻是每个人都不想遇到的，但是又难以避免的时候。其实，有的时候人们之所以发生争执，就是因为过于较真。生活中哪有那么多绝对的是非呢？大多数情况下，事情都是有其两面性的，只要能够客观辩证地看待，就没有什么解决不了的事情。还有些时候，固执的人会坚持自己的观点和看法，完全不在意他人的感受。遇到这种情况时，尤其是当你面对的人并非是平辈或者是平等职位的人时，直接争吵或者争执，显然是不合时宜的，也是得不偿失的。如果能够巧用玩笑话，表达自己的心声，则不但能够避免自己尴尬，也能够避免领导或者上级尴尬，可谓一举两得。

这里所指的玩笑话，其实是指以玩笑的口吻说出来的真话。听起来像是玩笑，实际上表达的是当事者内心的真实感受。如果对方觉得这话可以接受，则皆大欢喜；如果对方非常抵触和排斥这样的玩笑话，又因其玩笑的方式而不好意思直接翻脸，只能搪塞过去。这样一来，彼此心知肚明，却没有显而易见的裂痕，也为事情未来的发展奠定了基调，留下了弥补的空间。这样的玩笑话，必须拿捏好分寸，就像做菜一样，只有掌握好火候，才能色香味俱全，起到以一当十的效果。

大学毕业后，李林进入一家新成立的公司工作。他其实是想进成熟公司的，但是那些公司应聘的门槛都很高，他只好安慰自己与新公司共同成长啦，还调侃自己有一天也许会成为元老级人物呢！前段时间，公司购置了很多电脑，准备修建机房。然而，领导只批了修建机房的相关费用，却不批准安装空调的经费。领导对此美其名曰：作为刚毕业的大学生，过于安逸的环境一定使人斗志全无。热一点有什么关系，其他办公室不都是只有吊扇么！大家照样干得十分起劲，为公司创造效益。作为机房负责人的李林再三解释，告诉领导机房必须安装空调，否则机器就会因为散热不佳而受到损害。然而，领导依然固执己见，不愿意采纳李林的意见。

此后，领导为了学习其他公司的先进经验，便带领几个骨干成员组成的考察队去其他公司考察和学习。作为单位里的新鲜血液和计算机专业人士，李林虽然进入公司时间不长，但也进入了考察团队之列。在参观到其他公司的机房时，李林感觉到冷气开得很足。他灵机一动，问当时负责接待他们的人员："您好，请问你们的机房为什么要把空调制冷开得这么足啊？"负责人笑着说："你刚刚大学毕业，应该对于电脑产品很熟悉啊。如果不开足冷气的话，主机就会因为散热不好，导致瘫痪，甚至还会损坏数据，这样一来损失可就不可估量了啊！"李林故意大声笑着说："哦，原来是这样啊！空调的电费可比不上一台电脑服务器值钱，您说呢，领导？"领导尴尬地笑了笑，刚刚回到公司，就特批给李林一笔经费，让李林赶紧给机房安装空调。

李林知道，领导之所以不同意装空调，主要是为了节约经费和办公开支。借着参观其他公司机房的机会，李林故意让领导听到从其他公司的专业人士口中说出的理由：不装空调，机器散热不及时，会导致数据损坏。由此一来，领导意识到自己的观点落后，还误解李林爱享受，因而在回到公司之后马上特批机房安装空调。这完全归功于李林的机智和风趣。他抓住机会，巧妙地和领导开玩笑，点破领导。这么做，既保全了领导的颜面，也让李林达到了自己的目的，为机房中服务器的正常运转提供了基本条件。

人际关系的确是非常复杂的，尤其是晚辈对长辈或者下级对上级，往往因为身份的差别，导致很多话不能直接说出来。即使发生争执，也不能畅所欲言。大家不妨借鉴李林的方法，抓住合适的时机，以说笑话的方式调侃，间接地表达自己的意见或者建议，从而达成目的。

礼貌谦让，方能长远合作

生活中有很多老好人，脾气好、性格好、忍耐力好，因而大家习惯于支使他们，漠视他们。当然，吃亏是福，生活中吃一点小亏并没有关系，毕竟帮助别人的同时自己也能得到极大的快乐。然而，倘若老好人出现在职场里，则前景堪忧。同事之间的关系，既不同于同窗情谊那么纯真，也不同于朋友之情那么真挚。除了在少数成为朋友的同事之间有真正的友谊之外，大多数同事都是因为利益团结在一起。这也就意味着，职场上通常只有永远的利益，而没有永远的情谊。很多职场人士在初入职场时，都曾有过被同事背叛的经历。例如，你辛苦地帮同事做好报表，但是在报表出错时，同事却把责任都推卸到你的身上；你辛苦地帮助同事加班，同事却心安理得地领取了加班费；你明明很忙碌，同事依然再三拜托你帮他分担原本属于他责任范围的工作，却丝毫没有对你表示感谢……这些事情，在职场上都是屡见不鲜的。这就决定了，我们不能成为职场上的老好人，否则就会变成有求必应的滥好人，虽然做了很多不属于自己的工作，最终却连个好都落不着。

同事之间，谦让当然是应该的，但是谦让却有度。我们不可能一让再让，不然别人就会觉得我们理所应当谦让。实际上，谦让是情分，不让是公道。职场上，不管是男人还是女人，也不管是年轻的人还是年老的人，一律都是平等的。既然是平等的，就没有谁天生该让着谁。要想让同事关系保持融洽，并且与同事长久地合作，谦让就一定要有度。虽然我们在谦让或者帮助他人时，不应该奢求回报，但是最起码得到帮助的人应该心怀感激，否则我们的付出就是毫无意义的。假如你也曾是职场上的老好人，总是谦让别人，那么从现在开始，一定要明确自己的权利和义务，做到谦让有度，切勿过度谦让。

魏巍是个特别好说话的人。在单位里，大家都称他为“魏大好人”。因为这个称呼，每当有同事提出让魏巍帮忙加班，帮忙赶文件，甚至让魏巍帮忙接孩子，魏巍从来都不好意思拒绝。渐渐地，每个人有了困难都找魏巍。魏巍下班的时间越来越晚，甚至忙得没有时间吃饭。这不，夏丽刚刚对魏巍说：“魏巍，帮我把这份文件检查下吧！”夏丽的语气，不像是请人帮忙，倒像是一个领导在安排下属的工作。每当单位里需要几个人一组合作完成某项任务时，大家也总是抢着和魏巍一个组。原来，魏巍什么活儿都抢着干，但是从来不争功劳。就这样，魏巍不但是个大好人，也是个默默无闻的人。眼看着，那些和魏巍同期进入公司的人里，很多人都已经得到提拔，成为中层干部。甚至有些比魏巍晚几年进入公司的人里，也有人成为了项目负责人等，只有魏巍，依然和刚进公司一样。

妻子看到魏巍十几年如一日地默默无闻，不由得抱怨起来。迫于妻子的压力，魏巍决定改变自己。这次项目完成后，魏巍没有像往常一样听其他合作伙伴做报告，而是主动请缨，要向领导汇报工作。这时，原计划作为项目代表的小李不高兴了。看到魏巍的态度，小李不屑一顾地说：“哎哟，你这是想争功劳啊。”魏巍很不好意思地说：“实在对不起，以往咱们合作完成项目，都是你们做报告。这次，如果我再不去找老总做报告，估计老总都不知道我也是公司的一员了。”尽管魏巍在这次项目完成过程中做出了很大的贡献，而且也起到了至关重要的作用，但是大家显然对他抢着要做报告很不适应。的确，魏巍从来不抢着出风头，他这么一来，原本应该他做报告的事情也被以讹传讹，大家纷纷说他要抢功。此时，意识到自己不争功劳才是错误的魏巍，坚定不移地说：“每个人都有做报告的权利，轮也轮到我了，我问心无愧。”

魏巍是个老好人，从来都是默默无闻的，不和同事们争功劳。然而，一个人职业生涯的黄金时期是非常短暂的。妻子说得对，如果魏巍再不改变，也许会碌碌无为一辈子。在妻子的建议下，魏巍决定改变工作的方式，进入老总的视野，谋求发展。这时，他才惊讶地意识到，大家已经把他以往的谦让变成理所当然了，反倒是他享受自己的合法权益时，大家都觉得他是在争抢。这个发现让魏巍很伤心，也很警醒。

对于老板来说，职员存在的意义就是他在创造价值。如果一个职员变得像空气一样，让老板甚至无法感觉到他的存在，这不得不说是一种莫大的悲哀。朋友们，你们是否也曾像魏巍一样过度谦让，甚至被别人认为一切谦让都是理所当然的呢？如果你的身上曾经出现过这样的状况，那么你一定要警惕了。职场上，为自己争取功劳是完全合乎情理的，也是职业发展的需要，任何人都不要无条件地让出自己的功劳。

让对方给予肯定

大卫是一位推销电动机的推销员，一次他去拜访一家老客户的公司，准备说服他们再购买几台新式电动机。在去之前大卫和这家公司的工程师通过电话，了解到工程师昨天到车间去检查，用手摸了一下前不久大卫推销给他们的电动机，感到很烫手，便断定大卫卖给他们的电动机质量太差。

当大卫刚踏进那家公司的门口，就遭到了对方工程师的拒绝，那名工程师说："大卫，你又来推销你那些破烂了！你不要做梦了，我们再也不会买你那些玩意儿了！"

大卫冷静地考虑了一下，心想如果与对方辩论电动机的质量好坏，肯定于事无补。于是他便采取了另外一种思路，他对工程师说："好吧，我完全同意你的立场，假如电动机发热过高，别说买新的，就是已经买了的也得退货，你说是吗？"

"是的。"工程师回答说。

"你是知道的，任何电动机工作时都会有一定程度的发热，只是发热不应超过全国电工协会所规定的标准，你说是吗？"

"你说得对，是这样。"

"如果按国家技术标准，电动机的温度可比室内温度高出42° C，是这样的吧？"

"是的。但是你们的电动机温度比这高出许多，昨天还差点把我的手烫伤！”

“哦，是这样。那么请问你们车间里的温度是多少？”

“在24° C左右吧。”

“这就对了。车间是24° C，加上应有的42° C的升温，共计66° C左右。那么一个人把手放进66° C的水里是不是会被烫伤？”

“嗯，好像是的。”

“这就对了啊，所以以后千万不要去摸电动机了。我们的产品质量，你们完全可以放心，是绝对没有问题的。”

就这样大卫凭借让对方说“是”的能力，又做成了一笔买卖。

让对方说“是”，是一种说话的艺术，如果你学会了这种艺术，你将终身获益。当一个人在说话时，如果一开始引导他来说“是”，那么他已经在内心深处有了肯定的一面。这时候内心的抵抗和戒备就会完全放松，这样交流起来的气氛就会融洽很多，对方也容易放弃自己原来的偏见，转而同意对方的意见。在这个案例中，大卫从一开始就引导工程师回答“是”，从而抓住了问题的主动权，使谈话的结果向着自己更有利的方向去发展。

那么，到底如何才能让对方说“是”呢？以下几点，值得借鉴。

1.把要说的话说对

卡耐基曾经说过，人是不可能被说服的，天下只有一种方法可以让任何人去做任何事，那就是让他自己想去做这件事。而让他自己想去做这件事，唯一的方法是让他认为你说的是对的，让他认为他是在遵循对的东西才这样做。

比如说一个顾客拿着一件商品舍不得放下，这时销售人员就不应问顾客喜不喜欢，想不想买这样给顾客选择性的提问。因为你问顾客“想不想买”“喜不喜欢”时，顾客可能就会回答“不”。因此，在这个时候你一定要明白一点，顾客拿着那件商品，一定是他喜欢的，所以你应该问：“你一定很喜欢，是吧？”这时顾客肯定回答“是”。因为你说的是对的，他拿着那件商品舍不得放下，确实是他所喜欢的。

2.创造出对方说“是”的氛围

奥佛斯屈教授在他的《影响人类的行为》一书中说：“当一个人说‘不’时，他所有的人格尊严都已经行动起来，要求把‘不’坚持到底。事后他也许会觉得这个‘不’说错了，但是他必须考虑到宝贵的自尊心而坚持说下去。因此，使对方采取肯定的态度，是一件特别重要的事。”由此可知，在和对方交谈的时候，要避免对方说“不”的气氛，一定要创造出对方说“是”的气氛。比方说，你在和对方谈话的时候，我们应该把自己置于“是”这一情境之中，将对方可能采取的反对意见铭记于心，同时，还应牢记我们所熟知的对方的观点。你还可以运用肢体语言，当你在问别人“是这样吧？”“一定是吧？”等让对方回答“是”的问句后，你一定要先点头给对方造成一个“是”的气氛。

认输也让对方心怀敬仰

很多情况下，说服他人就是一场较量。你觉得你的观点是正确的，对方也同样觉得自己的观点正确无比。那么，当双方为了争夺胜负而僵持时，如何才能打破僵局，让说服的任务柳暗花明又一村呢？记得前文说过，有位名人说，以唇枪舌战的方式最终说服他人，取得胜利，并非是真正的胜利，因为你无法再赢得对方的好感。真正成功的说服，是对方虽然输给了你，却与你毫无芥蒂，甚至对你心生敬佩，这才是说服的最高境界。

很多人都问过自己：我拥有正确的观点，而且掌握了说服的技巧，为什么无法获得成功呢？其实，观点正确并非是说服成功的保证，只有增强你的说服力，让对方心悦诚服，你的说服工作才算是圆满完成。在说服他人的过程中，我们既要坚持自己的原则，又要灵活机动，根据对方心态的不停变化，选择更加适宜的方案，从而最终达到目的。要想让说服工作顺利展开，首先一定要了解对方，也要明确自己的目的。常言道，做人要有底线，说服工作也是如此，只有把握底线，才能一往无前。当说服陷入胶着状态，没有任何进展的时候，如果你确定对方的态度非常强硬，没有改变的可能，不如采取高姿态，主动认输，这样一来，不但对方会被你的高风亮节所折服，甚至也有可能做出让步，以作为对你的回报。这样的结局，岂不是皆大欢喜吗？退一步来说，即使你认输之后，对方毫无表示，你也落得个谦谦君子的美誉，所以何乐而不为呢？总而言之，认输并不会使你变得软弱可欺，而是会使你的形象瞬间高大起来，让很多人都怀着尊崇的心情仰视你的壮举。

莉莉作为公司代表，和公司领导精心挑选的精英们，不远千里，来到这家企业谈判合作的相关事宜。自然，他们得到了盛情款待。然而，在谈判桌上，对方并不觉得远来是客，就对他们礼让。谈判的氛围非常紧张，充满着火药味。虽然彼此彬彬有礼，可看得出来心里的眼睛都是虎视眈眈的。毕竟，一旦确立合作的条件，就无法轻易更改，因此再小的利益都要寸步不让。正是因为这种心态，莉莉虽然自知是在人家的地盘上，也依然很强势。

谈判一整天之后，双方人马都很疲惫，决定晚上出去好好美餐一顿，再放松放松。不过，莉莉叮嘱下属千万不要得意忘形，否则就会马失前蹄。所以，这次潇洒只是名义上的放松，实际上彼此双方心里都绷着劲呢。到了谈判的第三天，如果仅剩的条款还无法达成一致，谈判就将宣告终结。莉莉暗下决心：不等到最后一刻，决不放松。

果然，又是一天的谈判，眼看着日落西山，谈判即将结束。这时，莉莉突然松懈下来，说："李厂长，这样吧，我主动退一步，这个条款就按照你们说的来。毕竟，我们千里迢迢来到贵地，不是为了进行为期三天的谈判演习。"看到莉莉如此毫无征兆地退让，原本准备做出让步的李老板有些于心不忍，也表现出高姿态，说："想不到莉莉经理作为一名女性，却有这样的魄力和胸襟气度。我当然也不能落后，就按照咱们双方条件的折中办法来定下条约吧，这样你回去也好交代，我呢，也算是进了地主之谊。"如此一番礼让之后，莉莉和李厂长正式签订了合作条约。这天晚上，他们双方人马真正地在一起放松了一次，吃好喝好玩好。当然，是李厂长做东。

在这次谈判中，如果莉莉寸步不让，也许李厂长也不会这么痛快地相让半步。最终，他们为期三天的谈判以皆大欢喜为结局，每个人都很高兴。尤其是莉莉，虽然在最后关头主动认输，做出巨大让步，但是非但没有让人小瞧，反而为自己博得了美名——女中豪杰。如此一来，他们未来的合作也将会是非常愉快的。

朋友们，当你们试图说服他人的时候，尤其是在涉及商业谈判时，是否也曾为了利益与对方针锋相对，寸步不让呢？这样的态度当然无可指责，不过如果想要更加愉快地结束说服工作，也许主动摆出高姿态，做出退让，甚至是认输，都是不错的选择。常言道，强扭的瓜不甜。说服的过程中也是如此，说服别人不仅仅是逼迫别人接受我们的条件，更是让别人心甘情愿地认可我们做人做事的态度。

第 05 章

高情商就是临危不乱从容面对话语难题

借题发挥，摆脱限制

《孙子·计篇》：“攻其不备，出其不意。”意思是趁对方没有意料到就采取行动，也就是出乎于别人的意料。在言语沟通中，我们也可以利用这一招计谋，以在对方意料之外的言语制服对方。“出其不意”也就是不按照正常的逻辑出牌，有可能是借题发挥，有可能是顺势引导，从而说出一些在对方预想之外的言辞，令对方无法招架，这样所产生的效果是顺利地摆脱了对方的言语限制。

有时面对对方攻击性的语言，你可以顺势引导，先回答对方的提问，然后进行反戈一击，出其不意地打压对方的气焰。

那么在实际沟通中，如何才能使出“出其不意”这一招呢?

1.借题发挥

在沟通中，当我们受到对方的攻击时，可以不直接从正面答辩，而是通过借助对方提供的话题进行还击，出其不意，从而改变辩论的局势。这种方式最重要的在于“借”，能否借对方的话题为己所用，当然，这也取决于我们的辩论经验和思辨能力。

2.巧观对方岔开话题

在沟通中一旦发现对方岔开话题，不需要打断，应让他继续说下去。如果对方是一时不小心而为之，那估计对方说不了多久，就会自己发觉而显露窘态；如果对方是想到了另外一件事，那他一旦察觉会回到原来的话题之上；如果对方是有意岔开话题，那可能会继续这个话题说下去。

观察对方是出于哪种情况，如果是前两种情况，那应适时顺应对方，让对方将话题越扯越远，给对方出其不意的一击；如果是后者，那则需要及时地返回原来的话题，出其不意地反驳其有意岔开话题的居心。

通常在沟通中，如果按照正常的逻辑思维，当自己论述了一个观点，我们可以预想对方有可能以什么样的言辞来回应。而出其不意完全跳出了这个圈子，那些话语完全是对方所想不到的，也因为如此，正好打他个措手不及，最终我们将成功地占据上风。

沉住气，成大器

在生活中，我们经常会遇到一些不顺心的事情，比如自己的正确意见不被别人接受，个人的做事方式难以取得别人的理解，这些不愉快往往会把我们推进十分尴尬窘迫的环境中去。每当碰到这种情形的时候，有不少的人会沉不住气，要么为自己的意见和建议进行大声的争辩，要么指责别人的迂腐或者是别有用心的破坏。当一个人采取这种方式的时候，就会显示出手忙脚乱、情绪失控来，只能让事情更加恶化，却不能让问题得到最终的解决。既然这样只能给别人留下笑柄，那么我们倒不如改用沉默的态度来对待它。当你采用沉默的态度时，就能够显示出你的不在乎和不介意，也就能够在气势上征服对方。我们应该知道，只有缺乏实力没有信心的人才会十分看重别人的脸色和评论，而真正的强者，是不会介意任何外在因素的。

古希腊有一句民谚说："聪明的人，借助经验说话；而更聪明的人，根据经验不说话。"沉默是一种品格，沉默也是一种境界，沉默使人获得力量，沉默的人生是智慧的人生，沉默的境界是有力量的境界。

有些人在交际生活中，无法接受口舌上的失利，总要做出拍案而起的动作，这样或许能显示出一个人的血性，但更多的却是不成熟和好冲动的心理特征。这样的做派，或许能在争论中占上风，但却赢得了辩论，失去了风度，最终必将是得不偿失。

在工作和生活中的一些交际场合里，面对尴尬和窘迫以及慌乱的场景，如果我们达不到泰山崩于前而色不变的境界，那么就不妨克制一下自己，做到以下三点：

1.不失礼

交际场合是最注重礼节的地方，哪怕处在盛怒之中，也要保持一定的礼节，以表现出你的修养和心胸。比如，当别人在你面前说些刺耳的话时，你不能因为怒火中烧而对别人恶言相加，更不能有饱以老拳的粗鲁行为，最佳的选择是沉默和冷静。如果做不到这一点的话，可以运用口才的技巧进行得体的反驳和纠正，只有这样才会消除别人对你的误解或者捉弄，如果用失礼的行动去对待的话，只会起到越描越黑的负面效果。

2.不失态

当一些不如意的事情出现在你身边的时候，从很大程度上来说，这也是一次见证你人生态度和处世修养的机会。言语上的不合或者事情上的不顺心给一个人的内心带来波动是很正常的现象，面部表情发生相应的变化也在情理之中。不过，凡事都需要讲究一个度，应该学会控制自己的情绪，不能让面部表情处于阴晴不定的状态，努力做到喜怒不形于色。如果面部表情超出了一定的范围，那么，就是失态的表现。一个人的失态，就表明了感情冲动难以控制，更表明了一个人思想上的不成熟。失态之后做出的种种举动，在别人看来，是十分幼稚和荒唐的，经常处于感情失控状态下的人，在交际场合中也就很难受到别人的欢迎。

3.不失言

失言和失态是因果的关系。人很容易在失态的情况下口不择言，对别人恶语相加，从而造成严重的后果。人们常说“口舌如利剑”，一些不合时宜的言语很容易伤害到别人的感情，更会给自己带来无尽的麻烦。因此，在尴尬窘迫的处境中，你应该控制自己的情绪，哪怕有任何正当的理由，也要在停顿一分钟之后说出你要说的话，只有这样，才不会“祸从口出”，给自己惹下麻烦。

有技巧的回击有时更有效

在生活中，我们会遇到一些自高自大者的讥笑和嘲讽，为了捍卫我们自己的尊严，我们就要采取一定的应对措施对其进行反驳，让取笑者折服，不敢再小瞧自己。而正确的方法，不仅能够化解自己的尴尬，还会让一心想看我们笑话的人处于窘迫的境地中而自食其果、自取其辱。

有一个农民大爷骑着毛驴进城赶集。路边的西瓜摊上有一个年轻人正在吃西瓜，那个年轻人见了他大声地招呼说："喂，天气这么热，你干脆停下来休息一会儿，过来吃块西瓜吧，我请客！"大爷不认识这个年轻人，听他这么一说，就客气地回答说："谢谢你的好意了，我还要忙着赶路呢，西瓜就不吃了。" 谁知那个年轻人却斜着眼，怪腔怪调地说："哎哟喂，老爷子，我是在问驴呢，你搭的哪门子腔？"大爷一听，非常气愤。他跳下驴，照准驴脸就左右开工，"啪啪"地打了几巴掌，边打边骂："你这头爱撒谎的驴，出门的时候我问你城里有男朋友吗，你说没有。你没有男朋友，人家为什么会请你吃西瓜？"那个年轻人听了，脸上挂不住，只好灰溜溜地逃跑了。

那个小伙子本来是想用驴来取笑一下大爷，没想到自己却成了驴的"男朋友"，最终落了个自取其辱。

面对别人的捉弄和取笑，我们既不能默不作声，又不能因为愤怒而丧失了理智，而是应该选择正确得当的方法进行有力的反击。下面就是一些行之有效的参考方法：

1.反唇相讥

反唇相讥绝不是简单的以牙还牙，而是在别人说出侮辱性的话语时，抓住对方的一句话，或者是一个词语，或者一个比喻的漏洞，运用对方错误的语言逻辑，将一些侮辱性和讽刺性的话来反赠予他，让他推辞不得而又哑口无言，搬起石头砸自己的脚。

在一个聚会上，德国大诗人海涅遇到了一个旅行家的冷嘲热讽。那个旅行家说："在我旅行的时候，发现了一个小岛，却发现岛上没有犹太人和驴子！"别人听到这个笑话之后都疯狂地大笑起来，海涅却表现得十分平静，微笑着对那个旅行家说："看来，只有你和我一起去那个岛上，才能弥补这个缺陷了。"那位旅行家听了海涅的话，顿时哑口无言。

2.扬长避短

由于别人的取笑都有一种先发制人的优势，被取笑者在一开始的时候就会处于不利的地位，在这个时候，就要充分地发挥自己的长处，去攻击对方的短处，那么就会很快地将劣势转化为优势，将被动转化为主动，也就会让取笑你的人很快地处于下风

1984年，73岁的里根参加美国总统竞选。他的竞选对手嘲笑他老态龙钟，绝不会有大的作为。而里根却幽默地应对说："我之所以对总统大选充满信心，就是因为我的对手太年轻而没有经验。"

里根的这一巧妙反驳，将年龄大和经验多联系在了一起，从而消除了年龄大给它带来的不利局面，也就让对方的嘲讽失去了立足之地。

3.先冒犯，再狡辩

有时候，我们会面对一些地位较高的人的捉弄与嘲笑，在两者身份

地位不相称的时候，不妨先硬碰硬一次，之后再进行一番花言巧语的辩解，做到既能维护个人的尊严，又能让对方觉察出自己的错误，从而改变对你的态度。一般情况下，狡辩是比较令人反感的，这种形式也多是在不得已而为之的情况下才会采用。

颜触拜见齐宣王的时候，齐宣王为了灭他的威风，就坐在大殿上，用倨傲嘲笑的姿态如唤宠物般的口气说："触，走过来！"

齐宣王的这种态度是十分无礼的，颜触感到十分尴尬，为了捍卫自己的尊严，他就学着宣王的口气说："王，走过来！"：

齐宣王听了，怒不可遏，对颜触呵斥道："寡人是君，你是臣，你有资格叫我走过去吗？"

颜触辩道："说起道理来应该这样，因为我果真走去，那是仰慕王的势力，而我叫王走过来，是让王表示他趋奉贤士。如果叫我做仰慕势力的事，还不如让王做趋奉贤士的君主好啊！"齐宣王听后觉得有道理，也感觉到了自己的错误，就亲自走下殿来，邀请颜触进去。

当我们面对别人的嘲笑的时候，如果怒气冲天，不仅不利于事情的解决，反而还有可能落入别人预先设定的圈套中，也会危害到自己的形象。如果选择躲避和忍让，就会让对方觉得你是个软弱可欺的人，从而变本加厉地去嘲笑捉弄你。这个时候，你就要运用正确的语言艺术来应对，让对方自食苦果，自取其辱。

得体恭维，成就自我

有两个钓鱼高手经常在一起比赛钓鱼。这天他们俩又相约去垂钓，结果两个人还跟往常一样各凭本事、大展身手，一会儿工夫就钓了好多鱼。

他们的钓鱼比赛引来了很多的游客争先观看。游客们看到这两位高手很轻松地就把鱼钓了上来，都十分地羡慕并且有人跃跃欲试。于是就有人去买了垂钓工具也想试试手气，没想到那些游客竟一条鱼也钓不上来。

两位钓鱼高手，一人性格孤僻不爱搭理别人，专心钓自己的鱼儿；而另一位却是个热心肠的人。那位热心肠的高手看到游客钓不上鱼而焦急，就对他们说："这样吧，我来教你们钓鱼。如果你们学会了我传授的诀窍，而钓到一大堆鱼时，每十尾就分给我一尾，不满十尾就不必给我。"

双方都很乐意地接受了这样的提法。

就这样，一天下来那位热心肠的高手一直忙于给别人传授钓鱼的方法，竟获得了满满的一大篓鱼。而那些学习钓鱼的游客，左一声"师傅"，右一声"老师"叫得那热心肠高手的心暖洋洋的。

当大家都围绕着热心肠的高手学习钓鱼时，那位性格孤僻的高手显得更加孤单寂寞。一天下来，才发现自己努力专心钓到的鱼还是没有同伴钓的多。

观察需要一个人敏锐的观察力和超然的洞察力。有时候通过细心观察，我们可以得到意想不到的收获，也可以为自己的成功寻找一块垫脚石。故事当中的热心肠的垂钓高手就是因为通过观察周围的情况，才使他获得了这个“授人以渔”的机会，也使他赢得了别人的称赞。

要想使自己的事业稳操胜券，在生活中就要学会寻找通向成功的道路。寻找成功的机会，就要具备超敏锐的洞察生活的能力，有时候这种机会还需要自己去创造。那么，我们怎么样才能寻找到自己在通往成功道路上的那块垫脚石呢?

1.适时地恭维，才能获得对方的认可

在人与人正常的交往当中有一种礼仪叫作恭维。恭维不是我们去拍别人的马屁，也不是与别人去套近乎，更不是去故意贿赂别人。生活告诉我们，在与人交往的时候需要恭维别人，而这种恭维只是适时地恭维。

一个人要是不去学着恭维别人，那他的生活交际圈子就会越来越小。只有学会了适时地恭维对方，对方才对你有感觉，才能注意到你的存在。例如，前面故事当中的那位性格孤僻者，他没有去恭维游客，而游客也不会去和他套近乎，甚至都没有察觉到还有这样一位垂钓高手的存在。所以，要学会恭维别人，只有你先发制人，适时地恭维了对方，你才可以得到对方的欣赏和帮助。

2.满足对方就是满足了自己

“给你五个苹果，你一个人吃了只有一种口福；当你把这五个苹果分给五个人吃的时候，你就会得到五种口福，甚至是得到了五位朋友。”生活的确如此，当你一个人满足了的时候，就会觉得孤独；当你满足了别人时，你首先在自己的心里就获得了一种满足，这样你也就心满意足了。

3.有付出就有回报

在我们的生活当中“礼下于人必有所图”的现象常有之，而还有一种与之对应的现象就是“不求回报，只图付出”。一个道德高尚的人，无论在何时首先想到的总是别人。雷锋的付出是不需要回报的，但事实上现实还是回报了他。

也就是说，只要有付出就会有回报的。当你恭维了别人，满足了对方的一个需求，哪怕只是满足了对方的一点虚荣心，你给他的印象总是好的，他就觉得欠了你一个人情，便始终找机会还你这个人情，那时候你也就自然而然地得到了回报。而当你有求于人的时候，你要是不去恭维他，他就会觉得这个人比较高傲，看不起他对你的帮助，所以他也就不会很顺利地给你做事。

试着去恭维别人，先发制人，满足他的那点虚荣心，给自己通往成功的道路上多寻找几块垫脚石吧！

化被动为主动，提升效率

生活中谈话需要很多技巧，而善于在谈话中掌握对话的主动权也是一个相当高明的技巧。在谈话中，我们常常处于被动的地位，我们的谈话内容完全是掌握在对方的手里。这样一来，自己表达的某些观念和意见，就在无形中被对方所利用，而我们自己也落入对方的圈套，不得不赞同对方的观点。

俗话说：“牵牛要牵着牛鼻子走，打蛇要打七寸。”在双方谈话中，要做到“化被动为主动”，由自己来掌握谈话内容的主导权，最为关键的就是要善于从对方的问题中找到自己的擅长点，恰当地提出自己的想法，从而使其问题按照自己的思路延续下去。

如果在谈话中主动权被对方掌握着，我们往往就不能顺利地说出我们自己的想法。在我们丧失主动权的情况下，对方就会提出许多令我们难以招架的问题，并以此来维护他的主动权。我们常犯的一个错误就是，多半极力寻找答案去回答对方，殊不知，我们这样做，正好中了对方的计。

聪明的做法就是，完全没有必要对问题本身做正面的答复，只需采取避实就虚的方法，用其他相关联的问题来反问对方，变被动为主动，打乱对方企图掌握对话的主动权的计划。很多优秀的推销人员就是善用这个方法，他们常常会使你无力拒绝他们的产品，如果你没有更好地掌握主动权，就会陷入他们的圈套，最终会不得不购买他们的东西。

有一次，一个素昧平生的女人，约小李在一家咖啡厅见面。经过一阵子的交谈，小李才发现对方原来是推销英文会话录音带的。虽然他想中途离去，但对方谈话的技巧，令他毫无招架之力。

小李刚开始就直截了当地告诉她：“我想到补习班去学习英文。”当他想以此话拒绝时，对方立即回答：“不错，正如您所说的一般，在补习班学习效果更佳，但这套教学录音带，正是采用补习班的教学方式。”小李又反驳道：“价钱太高了。”对方又答：“不错，正如你所说的，价钱是高了些，但为了发挥与补习班同样的教学效果，我们花了相当多的苦心，由于这是十分昂贵的产品，因此可以采用分期付款的购买方式，我们有良好的售后服务，保证让您满意。”对方反复地从小李说话的内容里找出切入点，让其非买不可。

这个女推销员成功的谈话技巧，使得她每次都掌握了说话的主导权。由于她反复肯定地接下对方的话头，再巧妙地道出自己的主张。在小李看来，他自己的话被对方接下，并且对方给予了肯定和接纳，等他再回过神来，自己已经中了对方的圈套。推销员的技巧在于，她能从对方的谈话内容中，找到一个突破口，先是肯定和接纳对方的意见。再从对方的观点和意见出发，提出自己的观点和意见，这样就轻易把谈话中的主导权握在手里，使得对方不得不听从自己的观点和意见，以此来达到推销的目的。

同样的道理，在平时的谈话中，我们要善于掌握话语的主导权，这样一来，对方就会按自己的观念和意见思考问题。对于成功说服别人，也就起了事半功倍的效果。

我们在遇到不同的想法时，应先同意对方的主张，再慢慢导入自己的意见，则很容易让对方丧失抗拒心理，最后不得不承认我们是正确的。反之，如果在一开始就说：“我反对这种想法。”这反而会让对方感到紧张，并开始积极寻找新的理由来保护自己。所以，当对方对你的意见坦然地提出反驳时，倒是很容易应对；通常让我们感到麻烦的是，对方不肯正面反对，反而顺从地一再附和。遇到这样的情况，不得不要怀疑对方想以我方的想法为挡箭牌，企图掌握对话的主导权，让我们不知不觉地接受他的意见。

与言语交流时，如果掌握了对话的主导权，就在谈话中取得了决定性的胜利。特别是在彼此意见不同的时候，为了避免产生争执和冲突，首先从对话内容入手，采用避实就虚的方法，慢慢掌握对话的主导权，通过引导对方来赞同你的观点和意见，最后达到说服他人的目的。

第 06 章

高情商就是胸中有物迅速化解冷场境遇

凭借“花言巧语”为自己开脱

在现实的交际生活中，有时是对方有意依仗亲密的关系公开揭你的短处，或讲述你过去的傻事。有时是对方无意地，不知不觉中说出了你的隐痛之处。但这些都很可能让你陷入一个尴尬的局面。尴尬是人们在生活中不愿碰到且不能不碰到的，关键问题在于怎样应对尴尬。所以，与人交往，必备一些化解尴尬的语言技巧就显得尤为重要。

很多时候，当对方有意为难你时，如果你真的忍不住而动气，那别人会说你没有涵养。而如果你放松心情，用一些“花言巧语”给予对方还击，不但可以轻松摆脱尴尬的处境，还会让大家对你刮目先看。那么，当我们遇到尴尬的情境时，如何用“花言巧语”来化解尴尬呢？

第一，当你已经判明来者不善，是怀有恶意，故意挑衅时，你可以“以眼还眼，以牙还牙”，有理、有利、有节，礼貌而巧妙地回敬对手，针锋相对，“原物”顶回。

第二，要学会自我解嘲。因为对方可能是习惯，对谁都这样。让心情放松，自己把这种玩笑转移给大家。如有人说“不愧是属猪的，真能吃”，不妨接上一句“所以咱们才能聚到一起呀”。

第三，如果有人用过于唐突的言辞使你受到伤害，或叫你难堪，你应该含蓄以对，或装聋作哑、拐弯抹角、闪烁其词，或顺水推舟、转移视线、答非所问，谈一些完全与其问话“风马牛不相及”的事，用这种委婉曲折的方法反驳对手，定会取得奇特的功效。

适时适度地拿自己开玩笑，是一种良好修养，更是一种充满魅力的交际技巧。拿自己开玩笑，能制造宽松和谐的交谈气氛，能使自己活得轻松洒脱，使人感到你可爱的人情味，有时还能更有效地维护面子，建立起新的心理平衡。

用机智笑谈尴尬

在社交场合中，往往会遇到令人发窘的尴尬问题，在这种时候我们要学会处乱不惊，寻找从狼狈的境地中解脱的办法，将自己的思想调整到自由、活跃的状态，用机智的语言来为尴尬的各方打圆场，打破窘迫的局面。

金亚楠和老板陪一个外商用餐。老板热情地请外商点菜，备受感动的外商在看了菜单之后，一时兴起，说了句中国话“tu tou si”，讲完之后又朝着老板笑了笑。谁知老板却火冒三丈，当即指着外商大骂：

“你，洋鬼子死！”原来，外商在说“土豆丝”的时候因为发音不准被老板听成了“秃头死”，正好老板是光头，外商的微笑让老板误以为是嘲笑，因此就气冲冲地朝着外商大骂了起来。

当金亚楠告诉老板老外的真实意思后，老板顿时暗自后悔刚才的冲动。而外商对老板的斥骂感到不解，同时对他的粗鲁也面露愤怒。双方陷入了巨大的尴尬之中。

为了避免这次因误会而错失的机会，金亚楠便用英语向对方解释道：“在我们中国有‘打是亲，骂是爱’的俗语，刚才我们老总的行为其实是事先精心安排好的，他并不是要骂您，而是一种示好的方法。可能是因为您对中国文化不太了解的缘故，对他的举止感到不喜欢……”

外商听到之后，转怒为喜，笑着说：“这实在是太有趣了，不过，我可不可以不死啊？我还以为你们老板不喜欢吃‘秃头死’呢。”外商发出阵阵爽朗的笑声，而老板听到“秃头死”这三个字却总感到不舒服。

金亚楠便继续开玩笑说：“我们老总很喜欢‘秃头’，就是不喜欢‘秃头死’啊！”

“哈哈，那就只喜欢‘秃头’好了，‘秃头’真的是很不错的！”外商继续哈哈大笑着，老板的脸色也缓和了许多。

面对突发性的事件，没有任何人能够做好事先的准备。而交际场合中尴尬窘迫的现象又是时常发生并且表现不一的。因此，在我们处理这些尴尬的事件时，一定不能拘泥于某个固定的模式，而是要善于分析和思考，从而做出具体的恰当的反应，只有这样才能化窘迫为谈笑，化尴尬为正常。

1.转移话题

在交际场合中，往往会遇到一些比较严肃的话题，交际的双方难以在这些事情上达成一致的意见，从而阻碍交谈的正常进行。那么在这个时候，就要刻意地去回避一下，将谈话转移到其他的话题上去，用一些轻松愉快的谈话内容来改变一下紧张的局面，转移双方的注意力。这样就能将意见分歧较大的话题做有意识的淡化，让原来僵持的场面重新变得轻松愉悦起来，把给双方心理带来的负面影响降到最低。

2.给对方寻找台阶

社交场合的窘困局面，并不仅仅是因为意见分歧较大的事情所导致，还有的时候是因为一些人对客观时间地点环境因素的疏忽，讲出的话明显的不合时宜，从而造成了整个交际场合的难堪和尴尬。在这种事情出现的时候，对不合时宜的谈话内容进行大声的斥责只会让局面更加尴尬。最行之有效的方法，就是转化一下角度，将这一个话题说下去，来为那些有悖常理的话进行合理的解释，寻找其立足的理由。这样一来，不仅有效地解除了尴尬局面，更能让对方对你充满感激，从而从心里愿意和你进行长久的交往。

3.善意曲解，消除误会

在交际场合中，交谈双方难免会因为一时的疏忽而说出一些不合时宜或者是带有歧义的话，从而让别人产生误解，心理上感到不愉快。在这个时候，直接的解释往往起不到太大的作用，倒不如采取故意曲解的方法，对那些不合时宜的话装作不知其意，并顺着这个话题继续说下去，从善意的角度进行解释或者打圆场。这种看似无心实则刻意地去接话方法，会很快地将局面朝着有利的方向引导和转化。那些尴尬的局面也将会随着故意的曲解而不复存在。

每个人都希望自己在社交场合中做到从容不迫，但是现实却和理想有着很大的距离。在具体的交际中，我们经常会遇到一些让我们措手不及的突发状况。这时候往往会让每一个在场的人都感到异常尴尬，下不了台。如果僵持在那里，只顾及自己的不自在的话，别人也会和我们一样感到压抑，最终会让气氛变得十分凝重，也会让原本可以顺利办成的事情停滞不前。一个会说话的人能够巧妙地运用一句玩笑话抹去意外发生的尴尬，改变人们的处境和心情，营造出一份特有的气氛，让社交场合重新回到欢快和愉悦当中。

自嘲也可以打破僵局

有一个人在一家餐馆就餐时，发现汤里有一只苍蝇，不由得大动肝火。

他先是找来服务员理论，对方全然不理。服务员的这种态度使得他火上加火。后来他怒不可遏地找到餐馆老板，提出抗议：“这一碗汤究竟是给苍蝇的还是给我的，请你解释解释。还有你们这的服务态度实在是太差劲了，我要投诉你们。”

那老板只顾一个劲地训斥服务员，却全然不理睬他的抗议。他只得对老板说道：“对不起，请您告诉我，我该怎样对这只苍蝇的侵权行为进行起诉呢？”

那老板突然一怔，停止了对服务员的指责，意识到自己的错处，忙叫人换来一碗汤，谦恭地对那个人说：“你是我们这里最珍贵的客人！欢迎您以后继续对本店多提宝贵意见。”

而此时那个服务员也意识到自己的错误，忙不迭地向他道歉。

维护自己正当权益却使得自己陷入了两难的境地，这是我们经常在日常生活之中碰到的事情。在尴尬的境地，年轻气盛的我们更容易发脾气，要是在这种时候碰到对你不理不睬的人，那么你会觉得使你更加尴尬，更加气愤。这样只是会使事情毫无进展。那么，我们可以运用自嘲的手法，来打破僵局。运用自嘲的手法，我们不仅可以打破尴尬的僵局，又能解决问题，同时也可以赢得别人对自己的尊重，让人觉得你是一个有良好修养的人。

那么具体我们该怎么做呢？

1.不要死缠烂打地纠缠不清

当我们还是小孩子的时候，听到有别的小孩子骂了自己一句什么脏话，自己便总觉得吃亏了，总是想要回骂他几句才觉得解气，否则，便觉得自己很委屈。那么成年以后的我们，就不要再有这种心理了。有时候出现僵局，我们应以自嘲的手段降低姿态来缓和僵局，即使自己有理，也不要抬高姿态，盛气凌人，那样无助于问题的解决，反而会使僵局越发严重，到最后只能使局面无法收拾。我们要做一个善于运用自嘲手法来打破僵局的人，不要总是觉得自己吃亏了，那样会使自己的心里一直郁结于此，即使有助于僵局的打破，效果也是不好的。僵局出现的时候，自己以自嘲缓和一下局面，不一定代表自己就是错误的，强词夺理、盛气凌人，反而会让人更加反感你，即使是对方的错误，人家道歉也不会是心服口服的。所谓“得饶人处且饶人”，也就是这个道理。

2.善于打破僵局

在僵局出现的时候，我们要善于并且勇于去打破它。有的人在僵局出现的时候，抱有一种事不关己的态度，反正僵着就僵着，又不是我一个人的事情。这样做首先态度就是有问题的。比如，我们用的电子产品出现故障，找到了售后人员。反正我是上帝，我就等着你给我处理问题，还时不时地催促人家，并且不停地絮叨自己有多忙多忙等。这个时候，我想大多数的售后人员都会心生厌烦，只想早些摆脱你。其实这个时候，一个微笑，一句自嘲的话语，就可以打破僵局，使事情出现转机，人家也不会对你心存芥蒂，服务态度肯定热情周到。那么我们自己也会心情舒畅。一切问题都会迎刃而解，何必使自己心烦，又使得别人厌烦你呢。

3.适时而止，不要让自己成为笑柄

有的人天生具有笑星的天赋，无论处在何时何地，都会是受人欢迎的对象。这类人通常是一个自嘲的好手。但是，这就出现一个问题，这些“嘲人”不管拿自己还是拿别人开起玩笑来没完没了。这也是一个不好的现象，这有时候会真正成为别人的笑话。如在座谈讨论的时候，会前，适当地“嘲”一两句是可以的，但是把这种“嘲”的风格一直带到会场，就是不合时宜的，会弄巧成拙，成为别人的笑柄。所以，通常情况下，点到为止，让别人意会就可以了，不需要喋喋不休，过分自嘲。过分自嘲，也会引发交际危机，使局面更加难堪。

避开他人的敏感区

心理学家们通过研究发现，每个人都有着自己特殊的“敏感区”，这个敏感区域包括个人的隐私、过错以及自尊和做事底线等。每个人都不愿意在别人面前过多地暴露出个人的隐私或者以前的错误，更不愿意让个人的尊严受到别人的伤害。因此我们在交际活动中，一定要注意不要触及对方的敏感区，更不要让对方觉得受到侮辱。哪怕是为了改正别人的缺点而进行必要的劝说，也要注意方式和方法。

《菜根谭》里有这样一句话很有道理：“径路窄处，留一步与人行；滋味浓时，减三分让人尝。”这句话的意思就是在告诉我们，做什么事情都要先考虑一下别人，而作为日常生活中必不可缺的说话更要如此，一定要坚持一个原则：不能够在别人面前口无遮拦，更不能为了一时的痛快而侵犯别人的隐私，进入别人的敏感区，让别人下不了台。

每个人都有着自己的性格，各自所敏感的东西也不尽相同，我们在交际中一定要注意尊重对方的人格，在谈吐之间尽量地不要涉及对方的敏感地带。对此，我们应该在以下几个方面多注意一下：

1.玩笑要适度

可以适当地开玩笑，但是不能以讽刺他人为目的。玩笑话一般能起到活跃气氛、缓和人际关系的作用，但是有些人在开玩笑的时候不懂得适度的原则，喜欢讽刺、攻击、责怪他人。这样做尽管可能会引起短暂的笑声，但却给被嘲笑者的心理上留下巨大的阴影，甚至会造成一些意想不到的后果，让本来十分轻松的气氛显得过于紧张和难堪。

2.不要涉及隐私

任何的谈话都不要涉及他人的隐私。无论处在任何的场合下，也无论对方和自己是多么的熟悉，都不要在交谈的内容中涉及对方的隐私。俗话说“言者无意听者有心”，有时候一句无心的话，在别人听来可能就是一种讽刺和侮辱的声音，从而对你产生极其恶劣的印象。

3.不要涉及短处

千万不要拿别人的短处来说事。在社交场合总有那么一些人，喜欢用别人的生理缺陷和生活缺陷来当谈资，作为炫耀自己的一种方式。比如，说些“你的头上没有头发，是不是想无法无天啊”“你那几个月不洗的臭脚可以熏死一屋子人啊”等等，这样就会让别人对他产生很大的厌烦情绪，从心里不愿意和这种人打交道。

因势利导，为自己解围

在当众说话过程中，有时候我们会遇到听众的挑刺或者故意刁难，这时不可避免地会使自己陷入困境中。在这样的情况下，我们该如何扭转乾坤，让那些故意刁难者知难而退呢？其实，这也需要一定的思维能力，快速地想到扭转局势的办法。如果你只是傻傻地在那里站着，那只会让那些故意为难你的人更得意，同时，也会让所有在场的人看笑话。当然，这需要一定的方法以及技巧，才能巧妙地化解尴尬，为自己解围。

那么，在具体的说话场合中，我们该如何利用思维能力来替自己解围呢？

1.顺势牵引

顺势牵引法的特色是不进行正面抗衡，而是在迂回的交谈中，顺着对方的话说下去，借力胜敌，从而成功地达到自己的目的。说话者面对对方不坏好意的提问，不要针锋相对，也不要给予他正面回答，而是巧妙采用迂回的战术，顺着对方的话说下去，把对方的讽刺挖苦当作可以利用的工具。顺势牵引，然后再找出反驳的话语来，打消对方的气焰，使自己摆脱困境。

2.灵活应对

听众中难免有恶意的刁难者，他们会在说话过程中故意提出一些带歧视、轻视、敌视性的问题。对待这些刁难者，说话者不能像对待善意的质疑者那样，而是应该不客气地给予回击。但是这样的回击要很讲究技巧性，不能直接回击，而是需要灵活采用顺水推舟的方法。如果你不顺水推舟把问题巧妙地回答了，刁难者就有可能提出更尖锐的问题。

3.避实就虚

有时候你不需要正面去回答那些故意刁难的问题，你可以避开要害问题，谈论一些无关紧要的话题，转移人们的注意力。

4.欲扬先抑

有时候，听众会提出一些很刁钻的问题，可能你的回答会恰好地中了他的圈套，这时你不妨先承认他的观点，然后再巧妙地提出你的观点使他接受。

在实际沟通中，如果你遭受到了听众的非善意的顶撞、攻击、讽刺挖苦或者出言不逊时，不需要以牙还牙，针锋相对，这样会让局面发展到更加不可收拾的地步。而是需要将对方的讥讽之词当作前提，作为铺垫，作为条件，顺势表达出自己内心的看法。

避开雷区，才能有效沟通

说话，是我们天天都在做的事情，但善于说话，能准确、清楚地表达自己的意图，使对方乐意接受，却是一件不太容易的事情。心理学家理查得·班得勒说过，当你对他人说话时，你不是想给他传递信息，就是想改变他。但在这过程中，对方是否会接受你的意思，你的沟通目的是否能够实现，却是另外一回事了。其中的症结在于你是否说了避讳的语言，或者把话题置于危险的境地，这将会导致你沟通的成与败。许多人说话不经过大脑思考，只图嘴巴痛快，常常“语出惊人”，踏入“雷区”，最后导致了整个沟通的失败。

沟通是双向的，它的成败不取决于你说了什么，而是取决于对方的反应。对方不接受你所说的话，那你说得再多也没用。所以，为了让对方乐意接受，我们在说话时需要避开险境，把危险语吞进肚子里，这样才能有效地影响他人心理。

1368年，朱元璋登基，建立明朝。一天，一个穷朋友从乡下来到京城皇宫门前求见皇上。朱元璋听说是以前的老朋友，非常高兴，马上传他进殿。谁知这个穷朋友一见朱元璋端坐在宝座上，昔日的容颜似乎没有多大变化，便忘乎所以地直通通地说：“我主万岁！您还记得我吗?从前你我都替人家放牛，有一天我们在芦花荡里把偷来的豆子放在瓦罐里清煮。还没等煮熟，大家就抢着吃，甚至把罐子都打破了，撒了一地的豆子，汤也都泼在泥地上。你只顾满地抓豆子吃，不小心连红草叶子也送进嘴里，叶子梗在喉咙里，苦得你哭笑不得，还是我出的主意，叫你用青菜叶子吞下去，才把红草叶子带下肚里去……”还没等说完，朱元璋早就嫌这个孩提时的朋友太不顾体面，于是大怒道：“推出去斩了！推出去斩了！”

后来，这件事让另外一个穷朋友知道了，心想这个老兄也太莽撞了，于是，他心生一计，信心十足地去见他小时候的朋友，当今的皇帝。这个穷朋友来到京城求见朱元璋。行过大礼，这个人便说："我皇万岁万万岁！当年微臣随驾扫荡沪州府，打破罐州城，汤元帅在逃，拿住了豆将军，红孩儿挡关，多亏了菜将军。"朱元璋一听，不禁大笑，他认出了眼前的这个是孩提时的朋友，心中更为此人巧妙地暗示他们小时候在一起玩要的事而高兴，于是让他做了御林军总管，留在了自己的身边。

同是儿时朋友，所受到的待遇却是迥然不同。前者说话太莽撞，把朱元璋儿时的糗事一股脑儿说出来。当时已身为皇帝的朱元璋怎么能受这样的戏谑，最终那个穷朋友非但没有讨到好处，反而赔上了自己的性命；而后者只是简单地聊了儿时的趣事，其中还包含了对朱元璋的敬仰，最后他做了御林大将军。

1.避开隐私

隐私就是不可公开或不必公开的某些事情，有可能是缺陷，有可能是秘密。因此，我们在进行语言交流的过程中，需要避开彼此的隐私，这既是一种礼貌，同时，也可以很好地保护话语的"安全性"。

2.切勿不懂装懂

我们并不是万能博士或者百事通，即使自己知识渊博，也总有一些地方不如人，总有不懂得的一些知识。因此，无论是面对有教养有知识的人，还是面对一个平庸普通的人，我们都应该谦虚谨慎，不可妄发言论。

3.避开忌讳

在谈话过程中，我们需要避开一些忌讳，比如关于"死"的避讳语，“棺材”“寿材”等；对方的生理缺陷，比如“残疾人”等；对一些不可公开的事物行为，比如“大小便”等。

4.避开粗口秽语

在交流过程中，我们需要避开粗口秽语，使用文明的语言。言语粗鄙是最无礼的表现，而且，有可能会为自己带来一些不必要的麻烦。

其实，善于说话并不是一件很简单的事情，那将意味着你所说的话能够令对方乐意接受，而且，你的话语能够巧妙绕过险境，直入对方心里，继而影响对方心理。在日常交际中，有一些话题是沟通的“雷区”，稍有不慎就会粉身碎骨，所以，我们应该尽可能地避开这些危险区，避开一些敏感、危险的词汇，这样才能促使沟通的顺利进行。

第 07 章

高情商就是讲究策略探寻他人需求

用言语试探对方真实需求

在日常工作中，与客户谈判成为了我们工作的主要内容。而现代商务谈判均是以互惠互利为目的，以洽谈磋商为手段，这就免不了要与对手进行一番正面的交锋。甚至，我们可以说谈判其实就是一场心理战，谁能掌握主动权，谁就能赢得最后的胜利。

俗话说："知己知彼，百战不殆。"在一番心理较量中，如果我们能有效地识破对手的真实意图，无疑就是赢得了整个谈判。必要的时候，我们可以利用对方的"底牌"给予适当的压力，这会令对方更容易做出决定，他会在压力之下不得不答应我们的要求。所以，在谈判过程中，我们需要灵活使用心理战术，以此来识破对手的意图，如此才能抢得先机，也才能赢得谈判的最后胜利。

那么具体来说，我们该怎么做呢？

1.以静制动，谋定而后动

在谈判中，以静制动，就是静非不动，敌不动我不动，静观其变。在双方的对峙中，需要以静制动，你若按捺不住，四处乱动，那么，你的胜算就会少之又少；如果你能以静制动，那么，在与对手的周旋过程中，会逐渐转化自己的劣势为优势，而且，在这等待的过程中，你能够通过其表现出来的言行而识破对手的真实意图，这样，对手就处于被动地位了。

2.懂得退让，才能识别对手的底牌

在谈判过程中，若是紧紧相逼，不仅不能识破对方的真实意图，反而会使自己陷入难堪的境地。因此，我们需要懂得退让。另外，让步不能一步到位，而是应该一步一步地退让，而且让步也不能太早，过早的让步往往会导致己方的后悔。但是，若关键时刻不肯让步，也容易导致谈判的破裂。大多数情况下，当对方已经到了让步的最后阶段，我们也应该适当做出让步，以使谈判得以顺利进行。

关键的是，在让步之前可以做一些假设性提议，试探对方。比如“如果我们把价格降低5%，您能确定和我们签约吗？”这样不仅不会让你受到约束，也可以帮助你识破对方的真实意图。

所谓“商场如战场”，面对强有力的对手，我们不仅仅要具备良好的心理素质，更需要通过对手表现出来的细枝末节去揣摩其真实意图。简单地说，你需要知道对手手中拿着的最后一张王牌，否则，你只会败下阵来。

顺应对方，让对方哑口无言

面对对方的谬论，我们有时可以用确凿的事实、严密的论据去反驳，但“以谬制谬”的方法却并不是这样，而是用跟对方同样荒谬的言语进行反击，这也能达到制服对方的目的。用简单的话来说，就是当对方说出错误的言论时，不要去纠正他，而是顺着对方的错误言论，推出错误的结果。一旦结果呈现在对方面前时，对方的错误言论也就不攻自破了。这样的辩论方法的巧妙之处在于，相当于是对方主动开口承认自己的言语是错误的，对论敌来说，无疑是自己打自己的耳光。

我们在使用“以谬制谬”这个论辩方式时，应需要注意哪些问题呢？

1.必须确认对方的言论是“谬”的

以谬制谬的方式只针对对方的言论是谬的，假如你明明知道对方的言论是正确的，还使用这个方法，那无疑就是给自己难堪，因为你所推理出来的结论会证明你的言论是错误的。

2.采用以退为进的辩论

即便发现对方的言论是极其荒谬的，也不需要说破，而是先假设对方观点是合理的，然后将对方貌似合理的论点加以引申，推出一个明显错误的谬论。以其人之道还治其人之身，有力驳倒对方的观点，这样的反击才是大快人心的。

以谬制谬就是以错制错，即用对方错误的言论，将对方的荒谬观点引发出来，使其表达得更清楚，然后再由此推出错误的结论来反击对方，进而使对方的观点不攻自破。通过这种方式，让言语在辩论中发挥出强有力的作用，让对方无力还击，只能哑口无言地呆愣在那里。

谨慎前行，实现共赢

向河水中投块石子，探明水的深浅再前进，就能有把握地过河。在谈判中，我们在与对手交流中，也可以先提一些“投石”式的问题，比如“假如我们订货的数量加倍或者减半呢”“假如我们和你们签订一年的合同，或者更长时间的合同呢”，在略有了了解之后再进行有目的的洽谈。

投石问路是一种对对手的试探，也就是在谈判中经常借助提问的方式，来摸索、了解对手的意图以及某些具体情形。谈判中，投石问路是一种常见的方式，作为谈判的一方，你可以从对手那里得到他很少主动提供的资料，以此来分析商品的成分、价格等情形，以便于自己做出合适的决定。在谈判过程中所提出的每一个问题都像是一颗探路的石子，你能够通过对产品质量、购买数量、付款方式、交货时间等问题来了解对手的具体情况。

投石问路的方法并不是绝对的奏效，因此我们在使用这个方法时还应该注意几个问题：

1.提问更具体

在正式谈判中，有的问题太泛泛而谈，让人难以回答；有的问题太笼统了，答案并没有在自己掌控的范围之内。为此，我们可以先问几个是非题或选择题等具体问题，把对手有价值的话题找出来，再继续往下问。

2.因势利导，巧用对方的石子

有时我们会遭遇对手的“投石问路”，这时不妨针对他想知道更多情况的心理，对其进行有意识的引导，提出反建议，将对手扔过来的石子还给对方。比如“您问的问题我都答复了，怎么样，请您考虑我的条件吧”。如此因势利导，往往能促成谈判走向成功。

使用投石问路这种方法，需要谈判者是一个有心人，你可以从对方的回答中发现对方与自己的共同利益之处。双方互相试探，你提出了投石的问题，对方进行了回答，在其中你们就可以根据问题的突破口进行洽谈，这有利于快速达成双方都认可的协议。这其中最重要的是在听对方介绍时要仔细分析、认识对手，发现了可以利用之处，再进行深入交谈，不断地发现新的共同利益。

分析矛盾，一招制敌

在一次题为“上网是否有助于学习”的中学生辩论赛上。

刚开始，正方辩手以上网对学习有害的观点略占上风，这使得反方辩手压力很大。可就在辩论进入白热化的时候，有一位正方辩手突然说：“本人于昨晚上网查资料时无意发现这样一则新闻，说是有关上网有害的。”

这时反方辩手很快站起身说：“正方辩友所陈述的观点是上网有害，可自己刚才却说昨晚用网络查资料，请正方辩友对此给予恰当的解释。”就这样一句话，使得正方辩手大乱方寸。自然，辩论以正方失败而告终。

辩论本身主要就是体现参加辩论的一方如何用恰当的言论去驳倒另一方所坚持的观点。辩手双方所坚持的观点本身就是一对相互矛盾的对立观点，而每一方所陈述的言论里必然也存在着矛盾。因为只要是人，就有犯错的时候，而矛盾也是无处不在的。所以辩论输赢的关键就是如何抓住对手话中的矛盾，然后去激化矛盾，最后方可战胜对手。而如何抓住矛盾并激化矛盾才是问题的关键，那么我们就至少要做到如下几点。

1.仔细倾听

辩论的实质主要是语言之间的较量。当一方在陈述自己的观点时，另一方不是无事可做，而应该是用心去倾听，仔细注意对方的每一句话，每一个词语，看看是不是有说错的地方，或者是正好与你方所阐述的观点相符合的地方。因为辩论双方一般都是同龄人，你会出现的错误，就不能保证对方不会出现。所以，一旦发现对方的语言中出现有利于你方观点的词语，或是句子，应当马上将其记下，并从中仔细推敲出可以击败对手的言论。所以，这里所说的用心倾听，意思是让你不但要认真地听，更要认真地想，机会不会找上门来，只有人去找机会，只有这样你才可能最终战胜对手。

2.抓住时机

人们常说："机不可失，时不再来。"意思就是当你发现机会来了，你就要马上抓住它，而不是等机会错过了才扼腕叹息。在辩论赛中这句话就可以很好地体现。因为每一场辩论赛都是有时间限制的，当你发现了对手的矛盾后，却没有适时地抓住它、利用它，等错过了才后悔是没有任何意义的。

但是，如何抓住机会才是问题的关键。那么如何更好地抓住机会呢？那就是首先自己要勤快，因为机会不会青睐懒惰的人。当你勤快地做好了该做的准备，机会来了，你才有可能去抓住它。

其次就是在学习中积累有用的东西，来壮大自己的实力。这也是抓住机会的基础。

最后要学会主动出击。大多数人都习惯于等待机会，相信机会会主动来临。其实如果自己不主动，即使有好机会也会被你错过。

3.伺机而动

伺机而动，就是在适当的时候说出适当的话，这样才会起到事半功倍的效果。很多年轻人由于性格好冲动，所以在很多时候说话不考虑场合，这样就很容易让别人误解自己。

说话有时候就像打仗，也要学会伺机而动。比如作为你朋友的夫妻两人正为钱的事情吵架呢，你这时候又提出来向朋友借钱，那不但是借不到钱，还会闹得大家都不高兴。

所以说，伺机而动也可称得上是一种说话的艺术。比如有人去买吃的，而卖主恰好喜欢被人奉承，他就在买东西的时候说上两句："哎呀，你的东西就是好吃，主要还是你的手艺不错，其他的卖主就做不出你的这个味。"果然，卖主一听就高兴，立马免费让他多品尝了几个。这就是懂得什么时候该说什么话所带来的好处。所以在辩论的过程中，要沉得住气，一时的失利并不要紧，要等到对方露出缺点，再主动出击，这时你的言论就可起到意想不到的效果。

4.激化矛盾

矛盾只有激化了才会发挥效益。在辩论时如果你发现对手的言语中有潜在的矛盾，而你却没有及时地有效地激化这些矛盾，那你也只能是对此懊悔不已了。如果你抓住了对手言语中的矛盾，那就等于是机会来了，但这时你还不主动出击，激化矛盾，那你也只能是以失败而告终，伴着自己的叹息声离开了。

第08章

高情商就是会用弦外之音委婉拒绝

暗示可以让对方“知错就改”

中国文字博大精深，有着很多精深微妙的含义。这直接决定了中国的语言含义丰富，很多时候意在言外，甚至字面意思与实际意思是截然不同的。这些微妙的语言含义，给老外们学习中文带来了极大的难度，但是也有非常大的好处，即遇到尴尬的事情时，不需要直截了当地说出来，而是采取弦外之音的方式，让对方领悟到自己的错误，从而改正错误。

所谓弦外之音，原指音乐的余音。通常，人们将其用来比喻言外之意，也就是没有直接表达出来的意思，而是让别人领悟或者意会到的意思。这样的表达方式，对于尴尬的话题或者是对于不方便直说的对象，非常适用。举例而言，妈妈很想为女儿指出早恋的错误，但是又担心一旦捅破这层窗户纸，女儿会更加有恃无恐。因此，妈妈讲述了自己身边的一个早恋故事给女儿听，冰雪聪明的女儿知道妈妈已经有所觉察，因而赶紧收敛自己，不再肆无忌惮。这样的暗示，既避免了女儿因为被戳穿导致的逆反心理，保全女儿的自尊，也能够帮助妈妈试探女儿的态度，从而达成目的。生活中有很多类似的情况发生，我们无法直接说出自己的劝谏或者劝告，只得以这样的方式暗示对方，让对方主动改正错误，或者纠正不良的言行。

自从菁菁结婚有宝宝后，她就把父母接过来与自己同住，一则可以更好地照顾父母，二则父母也可以帮她照顾宝宝。然而，在宝宝开始吃辅食之后，菁菁就与妈妈之间针对喂养的问题产生了分歧。例如，妈妈按照老习惯，喜欢把东西放在嘴里嚼碎之后再喂宝宝，这一点是菁菁最不能容忍的。有一次，菁菁刚刚试探地和妈妈说不应该用嘴嚼东西给宝宝吃，妈妈马上就说："你小时候我就是这么喂的呀，你还不是健健康康地长大，还考了大学。这有什么不好，几十年都是这么过来的呀！"菁菁看到妈妈非常抵触，便不再作声了。

思来想去，菁菁想到了一个好办法。有一天，妈妈正在和菁菁一起看电视，菁菁突然惊讶地喊道："哎呀，太可怕了。"妈妈好奇地问怎么了，菁菁一本正经地说："你看看，这个孩子太可怜了。他得了接吻病啊，就是因为大人们总是亲吻他的脸和嘴，他被传染上了大人携带的病菌，现在都进医院抢救了呢！"说着，菁菁还把手机上的新闻图片打开给妈妈看，妈妈显然受到了震撼。菁菁趁热打铁，说："孩子太小了，其实这点病菌如果放在大人身上，也许根本不算什么。但是孩子抵抗力太弱了，各项系统都没有发育成熟，还是宁可信其有，不可信其无，多加小心为好啊！"听完菁菁的话，妈妈默默地点点头。当晚吃饭时，菁菁惊喜地发现，妈妈主动把宝宝的餐具和大人分开了，而且再也没有咀嚼东西喂宝宝。

对于辛苦地抚养自己长大、如今又在继续贡献力量帮自己带养孩子的父母，菁菁说话必须非常小心，以免伤了父母的心。在第一次劝说妈妈未果的情况下，菁菁改变策略，决定用事实来论证自己的观点，也是科学的观点。当然，妈妈也并不糊涂，她知道菁菁的用意，也承认自己的错误。所以，才在当晚就改变喂宝宝的方式，采取更加科学合理的方法。这样彼此无须争执却能解决问题的结果，正是菁菁最想看到的。

不仅仅是面对父母，有的时候，对孩子，对朋友，对爱人，我们也会遇到说不出口的话题。在这种情况下，如果足够了解对方的脾气秉性，不如采取这种弦外之音的说服方法，在保全对方面子的情况下，暗示对方反思自己的错误，从而及时改进。幸好，中国文字博大精深，才为我们在各种情境中运用弦外之音的说服方法，提供了无限的可能性。当然，运用这个方法的前提是学好语文。只有足够了解文字的表情达意功能，我们才能更加灵活、恰到好处地运用语言的言外之意。

委婉，主动让对方反思

尽管我们总是说遇到问题，应该摆到桌面上开诚布公地交流。然而，有些问题依然不是那么容易表达的。在这种情况下，与其直截了当地说出来，导致大家都尴尬，不如采取委婉的方式表达，旁敲侧击一番，让对方主动反思，从而避免直接说出来的尴尬，也不会伤害彼此间的感情。

委婉暗示的方式有很多，既可以用说话的语气暗示，也可以通过说别人经历的方式敲山震虎，还可以明知故问等。这些方法，有一个共同的好处，即无须撕破脸皮，在保全彼此颜面的情况下，还能给彼此留有回旋的余地。即使说服的效果不好，也可以再次想办法补救，远远比交谈决裂了再也无法补救要好得多。

陈好和黄雷结婚五年了，一直没要孩子。这不，最近她的婆婆急得不行了，居然直接住到家里来督促他们要孩子。如此一来，陈好和黄雷压力很大，觉得仿佛要孩子成了一项强制性任务。然而，面对这一切陈好并不能提出反对意见。归根结底，房子是当初她和黄雷结婚时，公婆给买的，况且婆婆住到自己儿子的家里天经地义。而且，公婆都已经年近七十了，他们想要抱孙子孙女也符合情理。无奈之下，陈好只好想办法敷衍婆婆。其实，陈好真的不想急着要孩子，她想做出属于自己的一番事业，然后再考虑生孩子的事情。

一天下班后，陈好洗漱完准备上床休息，突然发现自己放在床头的避孕用品都不见了。而且，她还发现自己吃的避孕药被偷偷地换成了维生素。这个发现让陈好非常生气，她心知肚明，这一切一定都是想要孙子心切的婆婆，趁着他们白天上班不在家的时候，偷偷干的。陈好原本想找婆婆理论，但是一想到如果闹僵了，都住在一个屋檐下，低头不见抬头见的很尴尬。所以，她控制住自己的冲动，想了一个好办法。

第二天早晨吃早餐时，陈好故意气冲冲地从楼上走下来，还不停地叨咕着。婆婆见状，问：“好啊，是不是小雷惹你生气了？”陈好撒娇般地嘟囔着嘴巴，说：“这个黄雷，总是犯这个臭毛病。您不知道，妈，我有洁癖，我的东西不喜欢别人动。昨天黄雷又动我的东西，还不跟我道歉，死活不承认。我的东西，就算是别人拿一下放回原处，我都能知道，更何况他还给我翻得乱七八糟呢！”听了陈好的话，婆婆有些脸红，赶紧转移话题。陈好暗自窃喜，心想：“这下子，你怎么也不好意思再翻我的东西了吧！”

一直以来，婆媳关系都是人际交往中的难题。虽然婆媳也属于母女关系，但是却不是有血缘关系的母女，因而无法做到像亲生母女那样毫无隔阂。但是，婆媳关系也不算很疏远，毕竟她们因为共同深爱的男人而结缘，可谓缘分不浅。正是这种近不得也远不得的关系，让婆媳关系自始至终都很微妙。

陈好无疑非常聪明，她既没有直接找婆婆理论，又以委婉暗示的方法，告诉婆婆她已经知道自己的东西遭到了翻查，从而避免婆婆再次翻她的东西。对于这件事情，陈好和婆婆都心知肚明，因而无须挑明，就解决了问题。当我们在生活中遇到不好直说的对象或者事情时，不妨也借鉴陈好的做法解决问题。对于聪明人，这个办法效果显著，根本无须再进行第二次，即可彻底将问题解决。

因人而异，不要批评过头

不同的人心理必定存在差异，心理承受能力当然也不一样，因此，批评他人时，一定要先考虑对方的心理承受能力，尽可能选择和创造一个良好的心理氛围，晓之以理，动之以情，因材施教，区别对待。只有这样，才会让你的批评更有效，才不会因批评不当而造成一些不可弥补的错误。

小玉是个性格很内向的女孩，一般不会犯什么错误，一天早上，由于母亲叫她起床晚了，所以迟到了，但班主任却不问任何原因，就让她站在教室门外，等下课了再进来。站在门外的小玉委屈地哭了……放学回家以后，小玉一进门就钻进自己的房间，母亲怎么叫她也不搭理。这下可把小玉的父母急坏了，给小玉的班主任打电话才知道是被老师罚站了。

老师教育学生，批评是必不可少的，但批评学生必须要因人而异，因为不同性格、年龄、性别的人，心理承受能力都是有差别的。所以不在乎对方心理承受能力的批评只能是适得其反，起不到良好的教育效果。那么，批评时如何区别对待呢?

第一，性格外向的人，对批评的承受能力相对比较强。但这种人对自己的尊严一般看得很重，所以批评这种人也不能如同审犯人一样训斥，但比性格内向的人要相对严厉一点。

第二，女性的心理承受能力一般比男性的差，所以，对女性的批评一般要心平气和，实事求是，最好是私下里单独批评。

第三，处处都要强的人，其心理承受能力其实大多都很弱，这种人一般很难接受他人满口训斥、指责式的批评。

中国人都爱面子，你如果在公众场合对某个人劈头盖脸一顿狠批，那会被其认为是伤害了他的尊严，其后果可想而知。所以无论何种形式的批评，都最好不要在公众场合对其进行。

合适借口，不伤感情

面对他人的请求，尤其是不情之请，你是当机立断、直截了当地拒绝，还是找个合适的借口进行拒绝以使友谊不至于破裂呢？虽然我们一直提倡做人应该诚实，然而，生活还是逼迫得我们不得不常常说些善意的谎言。例如，当一个朋友跟我们借钱，我们有钱但是却不想借，那么是直接说“我有钱但就是不想借给你”，还是委婉地说“真是不好意思，我的钱借给老家弟弟用了”更好呢？显而易见，第二种方式是更容易接受的，最起码保全了借钱人的颜面。尤其是在不远不近的关系中，说得过于直白，反而更容易伤感情。在这种情况下，与其直截了当，不如拐个弯来说，也能给对方一个台阶下。

合适的借口有很多，根据不同的情况和彼此间关系的亲密程度，我们完全可以做到不伤感情地拒绝他人。例如，一个男孩喜欢一个女孩，想邀请女孩去看电影，如果女孩不喜欢男孩，不愿意和他一起看电影，那么不如说周末有安排。再如，父母要来大城市和你一起生活，但是你知道你的爱人并不愿意和老人一起生活，不如说你的爱人有洁癖，不习惯和他人一起生活，包括她自己的亲生父母，都是分开居住的。显而易见，第二种说法更容易让老人接受，否则老人一定暗暗伤心，觉得自己养大了孩子，却被孩子嫌弃。实际上，现代社会每个人都应该有属于自己的独立生活，这一点也是人之常情。只要能够找到合适的借口，给对方一个台阶下，即便对方心知肚明你是不愿意帮忙，也会感激你保全了他的颜面和自尊。如此一来，拒绝当然不会伤害感情，只是让彼此心中有数而已。人，很多时候都是需要台阶的。不要一味地强调独立、自主和平等，毕竟中国是个人情社会。况且，谁能说自己没有需要帮忙的时候呢？想清楚这一点，我们就一定会想法设法地给出合理的拒绝理由，让对方虽然被拒绝，也不至于尴尬。

早在结婚之前，旭旭就和陈培约法三章。其中第一条，就是结婚后不和公公婆婆住在一起。尽管陈培是独生子，却依然答应了旭旭的要求。然而，结婚两年之后，旭旭有孩子了，父母高兴之余，纷纷表示要来带孙子。陈培不由得左右为难。于理，他已经答应旭旭不和父母一起生活了，如果贸然把父母接过来，旭旭心里肯定不高兴，一定会与老人产生矛盾，最终闹得不欢而散。于情，他是家里的独生子，父母一辈子辛辛苦苦就只是为了养育他。如今，父母想来带孙子，这是天经地义的。思来想去，陈培只得编造了一个谎言。

当父母再次说起要来带孙子的事情时，陈培说："爸妈，旭旭因为生孩子，耽误了工作，被单位开除了。后来，我为了安慰她，就让她自己亲自在家带孩子，还和她说了很多妈妈亲自带孩子的好处。如今，她已经不再因为被开除工作伤心了，但是她也决定了自己在家带孩子。"听了陈培的话，爸妈当然一下子明白了其中的意思。妈妈佯装高兴地说："那就太好了。其实啊，你爸爸有高血压，我呢，心脏也不太好，腰椎还突出。我们之前也是打肿脸充胖子，要去帮你们带孩子。现在既然旭旭自己带孩子，我们也就放心了。不管怎样，只要把我大孙子养好就好。"

让陈培亲口拒绝父母带孙子的请求，陈培显然做不到。但是，把父母贸然接过来一起生活，两代人的生活习惯原本就不一样，再加上旭旭很有可能闹情绪，后果简直不堪设想。幸好，陈培采取了这种暗示的方法，让父母不要过来。父母呢，也是非常明白事理的人。在得知旭旭想要亲自带孩子之后，马上表示理解，也主动借坡下驴，收回了要去带孩子的愿望。如此一来，大家彼此心知肚明，但是因为并没有撕破脸皮，所以在相聚时依然是和和气气、幸福甜美的一家人。

中国人历来重视感情，讲究团圆，因此很多时候都会被感情牵绊。就像上述事例中的陈培，在是否让父母带孩子这个问题上，简直是个两难的选择。即使勉强把父母接过来，最终也会不欢而散，甚至在家人心中留下阴影。与其那样，不如找到合适的借口，防患于未然。这样一来，父母时间长了必然能理解陈培的苦衷，旭旭也能过自己想要的三口之家的生活。亲人之间的感情得到维护，不会因为一些芝麻蒜皮的小事，导致家庭矛盾的爆发。

要有分寸地拒绝

生活中，不乏有些人不会拒绝，每当他人有事相求时，即使能力有所不及，也因为碍于面子而应承下来。这样的承诺最后往往不能兑现，反而伤害了朋友的感情，甚至导致友谊破裂。那么，再次遇到这样的情况时，我们就该义无反顾地拒绝吗？拒绝的确应当义无反顾，因为只有你根据自身情况理智地选择拒绝，需要得到帮助的朋友才会转而求助他人，或者想其他办法。需要注意的是，拒绝也是要有分寸的。生硬的拒绝，不但让人尴尬和伤心，也会给你自己的人际关系留下阴影。聪明人不会生硬地拒绝他人，而是说出合理的理由，表达心有余而力不足的感触，或者尽心竭力地帮求助的朋友想出更合理的解决办法……诸如此类积极的方案，都能让朋友在被拒绝时不会太难过，也能感受到你真诚的心意。

有分寸地拒绝他人是有技巧的。首先，当你有实实在在的困难自顾不暇时，可以把自己的近况告诉朋友。这么做，可能会暴露你真实的生活情况，但是总比朋友误解你不愿意帮忙更好。其次，如果你只是因为怕惹麻烦不愿意多事而拒绝朋友，那么千万不要说“我不想帮你”，没有人愿意听到这句话。你完全可以找一个说得过去的理由，诸如最近手里比较紧张，没有多余的钱，或者家里老人不在，要回家带孩子，所以不能代加班等。你想出的理由应该尽量符合情理，这样即便对方知道你是在刻意拒绝，也有台阶可下，不至于太尴尬。再次，我们也时常会遇到那些不近人情的请求。例如，有些人就是非常强势，总是喜欢对人颐指气使。对于这样的请求，你可以不卑不亢地说“不”，而没有必要与其争吵，更无须争个高低。归根结底，最后不得不提醒大家的是，无论你出于何种心态拒绝他人，为了表示尊重，都应该耐心地听对方说完他的诉求，否则，在不了解情况时就果断拒绝，傻子也能看出来真相是什么。当然，如果你准备与求助者老死不相往来了，大可以粗暴地说“不”。还需要注意的是，求助者之所以直接向你求助，就是因为不想让更多的人知道他的窘况。如果你不能给予他帮助，那么千万不要通过他人之口代为转达你的拒绝，这样做是对求助者最大的不尊重，也会给他带来极大的伤害。这一点一定要记住，因为这是人际交往的大忌。

很多时候，拒绝还发生在对对方心存爱慕之意的男孩女孩之间。对于一个喜欢自己的男孩，善良的女孩总是不知道如何拒绝。如果是一个邪恶的女孩，也许会在被追急了之后，撕破脸皮，极尽所能地挖苦对方一番。当然，还有一种女孩非常明智，她们凭借着自己的聪明才智，知道如何既保全对方颜面，又恰到好处地表达清楚自己的心意。这样的女孩，即使拒绝了自己的追求者，也依然能够博得对方的尊重和喜爱，甚至与其成为朋友。思思就是这样的一个人，下面让我们一起来看看她的故事吧!

思思大学毕业后进入一家外资企业工作，因为工作性质的原因，经常会出国出长差。有一次，她正坐在巴黎埃菲尔铁塔附近喝咖啡，突然遇到了一个大学时代的校友董桥。在异国他乡遇到校友，思思和董桥都兴奋极了。后来，在巴黎的那几天，除了忙工作，董桥就充当向导，陪伴思思一起游览巴黎。

思思回国没多久，董桥就给她写了一封长长的邮件，向思思表达自己的爱慕之情。一般情况下，女孩子往往收到这样的邮件，如果是喜欢对方就欣喜答应，如果不喜欢对方，就会非常为难，不知道如何拒绝。思思脑中灵机一动，想出了一个好主意。她佯装没有受到邮件，第二天给董桥打了个电话。在电话中，思思向董桥提出了一个请求，说："师哥，我有件事情还想麻烦你。"一听这话，董桥当即表示："没问题，什么事，你说吧！"思思说："是这样的，我男朋友下个月可能也要来巴黎出差。他呢，从来没去过巴黎，我想拜托你如果有时间的话，就再给他充当一次向导。"听到思思的请求，董桥心里明白了："这是思思在暗示我啊，拒绝了我的表白。"既然如此，董桥也佯装从未写过那封表白的邮件，豁然说道："当然没问题，放心吧，我一定会把带你玩过的景点都再带他玩一遍。这样，你们在一起的时候也有更多可探讨的美景啦！"思思再三对学长表示感谢，他们在欢笑中结束了通话。当然，后来思思的男朋友并没有去巴黎，其实，这个男朋友只是思思虚拟出来拒绝董桥的。

董桥心里清楚，思思是个很好的女孩，拒绝他也说得这么委婉。后来，思思因为工作需要又去巴黎出差，还出了点儿小麻烦，都是董桥帮忙联系律师搞定的。如今，思思和董桥是非常要好的朋友。

很多女孩面对男孩的喜欢，不懂得拒绝，实际上，当男孩投入的感情越来越多，这种伤害也会日渐加深。当你明白自己的心意时，一定要准确地表达出来，这样才是对双方都负责的态度。不过，准确表达心意并非要生硬地拒绝，就像上述事例中的思思一样，以虚拟男朋友表明拒绝的态度，也是非常好的方式。

在生活和工作中，不管你面对的是谁，都应该学会坦诚地拒绝。与其遮遮掩掩，支支吾吾，不如坦坦荡荡。当对方感受到你的真诚，你们的友谊非但丝毫不会受到影响，反而会更加坚固和亲密。这就是拒绝的魔力。

合理化建议，让对方感激

很多时候，拒绝他人都让人难以开口。前文，我们也讨论了几种合理拒绝他人的方式，以免拒绝让别人伤心。实际上，拒绝并非只是帮助他人的结束，也可以成为帮助他人的开始。常言道，三个诸葛亮，顶个臭皮匠。众人集合起来的智慧不可估量。如果你真的想要在不妨碍自己正常生活的情况下，力所能及地帮助他人，其实也还是有办法可想的。假如你能够竭尽所能地为对方提出好的建议，给予他切实可行的帮助，那么他一定会心存感激，即使被拒绝，也不会埋怨你。要知道，当人处于为难的境地，或者感觉自己身处绝境难以回旋时，一个诚心诚意的建议，也许就会对他有很大的帮助，甚至开启他的思维，让他柳暗花明又一村。这何尝不是一种帮助呢?

在被拒绝时，人们难免会心生失落。如果能够得到可供选择的合理化建议，那么这种失落就会大大降低。甚至原本觉得对方不讲义气和情面的人，也会因此而对对方心生感激。这样一来，你只是提供了一个合理可行的建议，付出的是脑力，而没有任何实质性的付出，但是对方却得到了期望的帮助，甚至因为你的建议而脑洞大开，被你抛砖引玉，想出更加可行的办法。这种拒绝，是最人性化也是最友善的拒绝，每个人都会乐于接受的。

在相亲的聚会上，美菊认识了一位非常优秀的男士。刚开始时，美菊对这位男士很感兴趣，因此和他互留电话，开始尝试着作为朋友相处。然而，没过多久，美菊就发现自己和男士并不合适。他们不但性格不合适，而且也没有共同的兴趣爱好，看电影都会产生分歧。为此，美菊想要提出断绝来往的请求。前几天，男士提出邀请美菊周末去周庄旅游，美菊一时之间想不到好的办法拒绝，只好说自己周末有可能加班。眼看着马上就到周五了，美菊终于想出了一个好办法。她给男士打电话，说："你好，我是美菊。是这样的，我周末要加班，另外家里也有一些事情需要处理。我介绍一个女朋友和你一起去吧，正好，她一直以来也非常想去周庄呢！她的性格活泼开朗，特别爱笑，你和她同行一定会欢乐多多。"男士稍加思考，就采纳了美菊的建议，也领悟了美菊的意思。

原来，美菊准备介绍给男士认识的朋友，是她的好同学思思。经过对男士的一番观察，以及在相处中对男士的了解，美菊觉得思思乐观开朗的性格更适合这位男士。因此美菊把男士的情况仔细地向思思进行了介绍，并且还给思思看过男士的照片，思思都觉得挺满意的。这样，美菊才把思思推荐给男士，也把思思的情况简单向男士进行了介绍。果不其然，周庄旅游归来，思思非常高兴。她特意感谢美菊，说："亲爱的，你把这么优秀的男士介绍给我，等看到我晒幸福的时候，可不要嫉妒哦！"美菊笑着说："他不是我的菜，你就尽情享用吧！"这样的拒绝，美菊既避免了男士被拒绝的尴尬，又做了一件成人之美的好事。只怕，男士在和思思情投意合之后，还得感谢美菊这个红娘呢！

美菊非常善良，虽然觉得自己和在相亲聚会上认识的男士不合适，但是依然顾及对方的颜面，并没有直接拒绝对方。直到物色到自己的好同学思思应该会喜欢这样的男生，才做了个顺水人情，为他们牵线搭桥，让他们找到最合适的彼此。这样一来，美菊的拒绝不但丝毫没有给男士带来伤害，反而给他送去一段更加美好幸福的爱情，男士怎么能不感谢美菊呢！尤其是思思，在与这位优秀的男士同游周庄之后，反而还担心美菊会反悔把这么优秀的男士介绍给自己呢！这样的拒绝，可谓是一举数得。

生活中，我们常常需要拒绝他人。为了避免给他人造成伤害，即使我们找到了最合适的借口，也依然需要给予对方合理可行的建议。当你用心思考，站在对方的角度为他解决难题时，相信他心里的遗憾一定会渐渐消散，甚至还会由衷地感谢你呢！

第 09 章

高情商就是懂得幽默，乐于分享快乐经验

善用幽默打开沟通局面

与人交往的过程中，很多时候，我们常常因为交流双方的不熟悉、沟通存在目的性或者沟通双方的不善言辞而无法打开和谐的沟通局面，此时，只有幽默才能使双方内心的紧张和重压释放出来，化作轻松的一笑。因此，在沟通中，幽默语言如同润滑剂，可以使我们从容地摆脱沟通中可能遇到的困境。

在社交中，谈吐幽默的人往往易于取胜，没有幽默感的人则往往会失败。在交际场合，幽默的语言极易迅速打开交际局面，使气氛轻松、活跃、融洽。

会调侃的人懂得如何给生活添加作料，受到不公平待遇也会泰然处之，即使心情郁闷，也能通过开玩笑的方式给别人传达某种信息。实质上这种人热爱生活，大智若愚，充满了人格魅力，现实生活中会得到众多朋友的喜爱，因此成功的机会自然比一般人多。

可见，社会生活中，不论你只是其中的普通一员，或是身居要职，善于运用幽默的力量，总能让自己获益匪浅。你不仅要善于幽默地调侃他人，也要能接受他人的幽默调侃，如此才能赢得友谊，在社交活动中游刃有余，获得成功。《围城》里的方鸿渐是一个颇具幽默感的人。

在方鸿渐刚回国时，他在家乡的一所中学做了一次演讲。方鸿渐说："吕校长，诸位先生，诸位同学：诸位的鼓掌虽然出于好意，其实是最不合理的。因为鼓掌表示演讲听得满意，现在鄙人还没有开口，诸位已经满意得鼓掌，鄙人何必再讲什么呢?诸位应该先听演讲，然后随意鼓几下掌，让鄙人有面子下台。现在鼓掌在先，鄙人的演讲担当不起那样热烈的掌声，反觉倒有一种收了款子交不出货的惶恐。"

这个开场白显然很成功，让方鸿渐立刻受到了众人的欢迎。幽默是一瞬间智慧的火花，让生活充满乐趣。

幽默是社会活动的必备礼品，是活跃社交场合气氛的最佳调料。与人交往，恰逢时宜的一句话就能缓解尴尬的交际氛围，帮你打开一道宽阔的交际之道。那些会说话的人往往能巧妙运用幽默的力量，轻松拂去沟通伊始的那种冷漠，改变人们的心情和处境，建构起特有的幽默氛围。我们如果把交际中的人们划分为两种人——枯燥的人和有趣的人，那么富有幽默感的人可谓是有趣的人。酒逢知己千杯少，话不投机半句多，这句话可以证明这一点!

那些生活经验丰富的人无不重视幽默的力量。使用幽默的语言，是展现你风采的一种重要形式，它同时是一种默契形式，能使得你与他人之间的相处变得宽容、友善，幽默使严肃的话题变得轻松。幽默的人善于拨动笑的神经，使严肃的话题变得轻松，让对方丢掉紧张的情绪。幽默是一种艺术、一种润滑剂，面对严肃的话题时幽默一下，会产生意想不到的效果。

当然，最好的幽默话题往往是那些自嘲或中立性质的。因此，你可以以你自己为幽默的对象，针对自身的一些小缺陷或者不足开个玩笑，好像自我打趣似的，就不会触犯别人。相互攻击有时也很风趣，但对初学者来说不应该去尝试，应该避免使用。

拒绝枯燥，让交流更有趣

如果说语言是人们交流沟通的媒介，那么幽默的语言便是通向对方心灵的桥梁，它能让你风趣诙谐地表达自己的某种心意，并以最快的速度直抵他人的心灵。因此，幽默是最受欢迎的生活艺术，幽默的语言体现的是一种修养，它能让与人交往变得更为轻松，也会令人如沐春风！

的确，人际交流的最大杀手便是枯燥。话不投机半句多，谁也不愿与一个严肃、沉重的人交谈。幽默的言谈可以给他人带来欢乐，也能让自己拥有愉快的心情。拥有幽默的人生活愉悦，并能拥有快乐的人生。

用过于严肃的态度生活，难免太沉重。人生不如意事十之八九，若总是唉声叹气，生活必然一片灰暗。如果换一种心态，调侃一下生活，就会觉得轻松有趣得多，每天都会很阳光、很光明，充满希望和快乐。

以下方法可帮助你成为社交场上的活跃人物。

1.拿自己开涮

懂得运用自我贬低、自我解嘲这种方法制造幽默的人往往都是幽默高手，会收到欲扬先抑、欲擒故纵的效果。众人将在哄笑声中重新把你抬得很高。自我贬抑既可活跃气氛，又能博得他人好感。

2.调侃对方

社交中，对于那些与自己关系亲密的朋友，可以以对方为幽默的对象，开句玩笑，互相贬低一番，这并不是坏事，反而会使朋友间亲密无间。但要记住的，你的玩笑一定是不带恶意和偏见的。

3.夸张赞美

抬高他人有时候也能产生幽默效果，但这种方法并不等同于虚伪的恭维、奉承，善意的抬高会立即使整个气氛变得异常活跃。老朋友、新同事见面后，不免介绍寒暄一番，这是个极好的活跃气氛的时机。

4.搞恶作剧

恶作剧也是一种幽默的表现方式，它的幽默来自于出人意料。朋友间，可以互相调侃，可以突破紧张的、受束缚的社交规则，当然，不能否认的是，对于那些不喜欢恶作剧的人，最好少用。

5.寓庄于谐

社交生活中，你不需要时时紧绷着自己，自始至终保持严肃的神情就会显得紧张。即使是那些需要庄重的场合、面对那些严谨的问题，同样可以用风趣、幽默的语言来表达。

回应挑衅，不动声色的幽默力量

在现实生活中，我们会遇上各种各样的事。有时候，我们会遇到他人的挑衅，使得我们处于不利的地位。这个时候，如果我们能让自己的思维展开飞翔的翅膀，运用幽默的力量，绵里藏针，柔中寓刚，就能巧妙地粉碎他人的挑衅，让我们从这种矛盾中解脱出来。伟大作家鲁迅说：“用玩笑来对付敌人，自然是一种好战法，但触着之处，需是对手的致命伤。‘幽默’或‘玩笑’，也都要生出结果来的。”可见，不动声色、绵里藏针地制造幽默是反击他人挑衅的有效手段之一。我们先来看看马克·吐温是如何使用这一方法进行幽默反击的。

一次，马克·吐温应邀赴一次宴会。席间，他对一位贵妇说：“夫人，你太美丽了！”不料那妇人却说：“先生，可是遗憾得很，我不能用同样的话回答你。”头脑灵敏、言辞犀利的马克·吐温笑着回答：“那没关系，你可以像我一样说假话。”

绵里藏针法，就是用比较和缓的语气和态度，表达出自己比较坚硬尖锐的用意的语言艺术。使用这种方法时，要注意多用委婉的词语，以“绵”争取人心，以“针”阐明自己的观点，让“针”扎得又狠又准，真正击中对方的要害，让对方有刺痛之感且不露痕迹。

的确，那些善于制造幽默的人总是能根据不同对象、不同场合和不同目的而采用不同的语言制造幽默。在许多情况下，他并不直截了当地把问题说给对方听，而是将意思隐含在其中，给听话者留下咀嚼体味的机会和体验、想象的空间。

在日常生活中，各种复杂的情景如果都能以较强的应变能力，发挥即兴口才调侃一下，闪烁敏锐的思维和智慧，则会增添不少趣味。当然，那些就地取材的谐趣妙言，灵机一动的理智闪光，顺手拈来的隽语佳句都是幽默精华。巧用活用这些幽默精华，会使讲话人谈吐生辉。

幽默“破冰”，拉近彼此距离

在日常生活中，和别人第一次接触尤其是陌生人之间的接触，总会有一定的距离使双方感到有隔阂。此时，如果适当地运用幽默，在与对方交谈时开个无伤大雅的玩笑，那么，便能使彼此神经放松，营造轻松的氛围，使紧张的气氛缓和下来，缩短你与他人之间的距离，使得你和别人的关系亲密起来。

西方有句谚语：“一个国家最古老、最宝贵的财富是幽默。”没有幽默的语言就成了公文，没有幽默感的人就会像是一座雕像。死板的公文、毫无生气的雕像使你不会得到别人的亲近和喜欢。所以，要想拉近和他人的关系一定要学会幽默。

每个人都喜欢生活在愉快的氛围中，因此，你如果能说出使人如沐春风的话，必定能广结善缘。卡耐基有句名言：“关于沟通，除了词汇之外，最重要的就是‘趣味’！”幽默的作用可见一斑。生活中离不开幽默，是幽默令生活更多姿多彩，使人轻松愉快，增添生活情趣。

林语堂曾说：“达观的人生观，率直无伪的态度，加上炉火纯青的技巧，再以轻松愉快的方式表达出你的意见，这便是幽默。”所以，幽默不是滑稽，也不是尖酸刻薄，它包含了智慧、亲切、诚恳，并带人情味，你可以用它来拉近与别人的距离。幽默感是一种人格吸引力，能反映一个人的修养和情调。在人际交往中，机智风趣、谈吐幽默的人往往拥有更多的朋友，我们谁都不愿同动辄与人争吵，或者郁郁寡欢、言语乏味的人交往。幽默可以说是一种润滑剂，它使烦恼变为欢畅，使痛苦变成愉快，将尴尬转为融洽，让你牢牢地吸引对方。

同样，在社交场合，在和不太熟悉的人闲谈时，适当加入幽默，会让接下来的交谈变得轻松愉快，你就会得到别人的喜爱。一句笑话可以像一缕阳光驱散重重乌云，一切的怀疑、郁闷、恐惧，都会在一句恰当的笑话中消散无踪。幽默运用得法，可以使一个敌对的人哑口无言，还可以解除尴尬的局面，赢得别人的鼓掌喝彩。当然，幽默和个人的性格以及知识积累有关，要让自己能够在需要时幽默起来，平时就要多观察生活中的细枝末节并多积累他人的幽默。

利用幽默获得他人理解

生活中，我们常常看到这样的场景：公交车上的乘务员报错了站，主持人站在台上忘记了台词，司仪在聚会上说错话等。这些都是人们的失误，也是他们在各自岗位上所出现的过失。人无完人，没有人能做到完美，作为社交中的一分子，我们常常也会犯各种各样的错误。用幽默来解释自己的过失，不仅可以为自己挽回面子，而且可以得到大家的原谅和理解，营造良好的氛围。

其实，在日常的社交生活中，我们每个人都是制造幽默的主角，我们会不自觉地因为他人的幽默而开怀大笑，我们也会不经心地说出一句让众人会心一笑的话。人们都是崇尚快乐的，幽默便有这种力量，它能使人忘记烦恼，用快乐的态度看待生活，看待各种事。

因此，我们在人际交往中出现过失的时候，若能幽默一番，那么，对方也许会原谅我们，一切看来都云淡风轻了。所以出现过失不要急于忏悔，更不要自暴自弃，用上一些恰如其分的幽默，不仅在轻松的氛围中给出问题恰当的解释，而且扫去了人们以及自己心中的阴霾，这样的解释要比长篇大论的郑重道歉强上百倍。

所以学会用幽默解释自己的过失，意义十分重大，不容忽视。然而，我们还必须看到一点的是，幽默法获得他人的理解的第一步，还是需要我们做到有勇气正视自己的失误。

2010年温哥华冬奥会在落下帷幕的时候，国际奥委会主席罗格用“卓越和友善”高度评价了那届冬奥会，并把奥林匹克五环旗交给下届冬奥会举办地俄罗斯索契的市长纳姆索夫手中，然后闭幕式就开始了。

在闭幕式上有一个小花絮，就是一根因为工作人员的某些失误没有竖起来的欢迎柱。闭幕式的大幕拉开时，火炬台以开幕式时“残缺”

的状态搭建着，开幕式上的失误，就这样被组委会自己再度摆在了世界观众的面前。一个装扮成电工的小丑蹦跳着来到会场，来到没有竖起的那根欢迎柱的大坑前，他装作在检查的样子，最终找到故障原因。他如释重负般将电源插好，拍拍手，开始试着将那根硕大的柱子从地下拉起来。在小丑卖力的拉动之下，那根欢迎柱缓缓竖起来了，并且缓缓地和其他几根欢迎柱搭建在一起。

随后冬奥会开幕式主火炬手勒梅·多恩被小丑请进场，她随即点燃了奥运火炬，奥运圣火熊熊燃烧。

开幕式上的错误，就这样以一种幽默和伟大的方式解决。而有两次点火的奥运会，恐怕也是史无前例的。全场观众，都沸腾了。为组委会这样勇敢地直面错误，并以幽默的方式来化解欢呼。

当然，幽默是智者的游戏，如果你没有敏锐的反应能力和组织语言的能力，那么，制造幽默以获得他人理解是很难做到的。

总之，社交生活中，如果你一不小心出现语言或行动上的过失，你大可不必自责或者懊恼，因为幽默能帮助你轻松化解，获得他人的原谅！

第 10 章

高情商就是不吝溢美之词鼓励赞美对方

嘴甜的人更受人欢迎

每个人都长着一双喜欢听赞美语言的耳朵，这是人的天性。马克·吐温曾说过："一句得体的称赞能让自己陶醉两个月。"的确如此，当我们获得别人的夸奖之后，不是也反复回味、心情兴奋吗？我们在处世的过程中，要学会赞美别人，让他拥有优越感，你的赞美仿佛是一支火把照亮他的心田，可以消除你们之间的芥蒂。一个会做人的人，会是个出色的演说家，而赞美也是一种语言上的人情投资。人情在当今社会中的作用日益凸显，而人情并非是指物质上的礼尚往来，还包括情感的交流，"人情"在于"情"，只有情感上达到了共鸣，才是情感交流的前提。朋友多了路好走，聪明人会利用人情上的优势让自己赢得成功。

任何一个人都希望被他人关注和赞美，都希望自己的劳动得到社会的承认，得到别人的理解和尊重。不管你的赞美对他是否会产生影响，有一点是可以肯定的，你的赞美会给他的心理带来愉悦。当你用真诚的语言赞美对方的时候，他会认为你是一个值得信任并了解他的人，自然就拉近了你们之间的距离，他所回报你的，便是同样的肯定与信任，激发出你与他之间相互的热情、友谊和温暖。这样，无形中你就赢得了一个朋友。这无疑是一场最没有风险的情感投资，因为“投桃”必然会“报李”。

陈勇在一家珠宝公司的企划部上班，他做事认真，为人也很耿直，为此，得罪了不少领导。和他同时进公司的刘鹏进了公司的销售部，但因为一件事，刘鹏却进了公司总部，成了陈勇的上司。

那天，在每月的例会上，宣传部长决定：“为了促进公司新款珠宝的发售，我决定加大宣传力度，这月月末就在本市的水上乐园举行一次大型展览，希望大家努力办好这次展出。”陈勇一听，觉得荒谬之极，他本来就觉得这个宣传部长太专制，什么事都喜欢自作主张，也不和其他人商议。这一点，他看不惯已经很久了。他性格太直，当着众人的面，他就回了宣传部长一句：“你这也太草率了吧，都不做市场调查吗？这可关系着我们公司下半年的销售额和资金的运转！”陈勇将这些话脱口而出。当时，会场上的很多人都屏住了呼吸。

“你知道什么，等你坐到宣传部长的位子再说！”说完，宣传部长气急败坏地离开了会议室。

但令陈勇奇怪的是，那月的水上公园展览居然没有办，而自己的好朋友刘鹏也爬到了宣传副部长的位子。原来，当时会上，刘鹏也很不同意部长的做法，但是他并没有在会上指出来，而是等会开完了，对部长道出了事情的利害：“我一直都很佩服您，您做事一向都很有魄力，但这次我们推出的是我们公司今年的主打产品，水上乐园去的一半都是一些孩子，这么昂贵的奢侈品并不怎么适合在那展出，到时候做了无用功就不好了。”部长一听，说得没错，并向总部推荐刘鹏担任副部长，成为自己的左右手。

针对同一件事，两种不同的说话方式，导致了不同的结果和职业命运。有时候，说话不能太诚实就是这个道理。面对领导的错误决定，陈勇开门见山地提出了反对意见，让领导在众人面前下不来台，一个领导的尊严受到了损害，自然很生气。而相反，刘鹏的做法明显好得多，先赞美领导，肯定了领导果断的行事作风，这至少让领导觉得自己的能力是被肯定的，这样，在听取意见的时候，也自然容易接受多了。

赞美虽是一件好事，但绝不是一件易事。赞美他人需要技巧，不是简单地夸赞他人几句就能起到良好的效果的，胡乱吹捧也只会适得其反。同时，赞扬还应该把握度，不能太过火，只有适度的赞扬才会使人心情舒畅，否则就会使人感到难堪、反感或觉得你在拍马屁。

为此，我们在赞美他人的时候，必须掌握一些要点，只有这样，才能将赞美的话说到对方的心坎上。

1.态度要真诚

赞扬的目的是激励，是褒扬真善美。抱有某种不可告人的目的，以溢美不实之辞，极尽吹捧逢迎，只会引起别人的反感。比如，恰逢对方情绪特别低落，或者有其他不顺心的事情，过分的赞美往往让对方觉得不真实，此时一定要注重对方的感受。

2.赞美对方最引以为豪的成就

赞美必须选对“点”，赞美别人不在意的事情却忽略了别人引以为毫的成就，可谓赞美得不得法。因此，我们在赞美他人的时候，要始终不忘赞美对方最自豪的成就。

3.从细节赞美

空洞的、泛泛而谈的赞美只会让对方怀疑你赞美的真实性，而从细节上赞美，更有力、更真实，更能让对方产生快乐感。比如，你想赞美对方今天的衣服好看，你可以说："我觉得这种款式的衣服衬得你的身材更好了。"

4.措辞一定要准确、得当

在赞扬别人时，语言不要含糊不清，如果你拿捏不准用什么词赞扬对方，还不如保持沉默，因为那些含糊的赞扬往往比侮辱性的言辞还要糟糕。诸如"嗯，还行""挺好"和"没那么糟"，只会让对方觉得你很讨厌。

5.不要一味地赞美

适量的赞美，会让对方听着很舒服，也会很受用，可是，过量的赞美，则会显得做作和虚伪，所以，抓住重点赞美，避免赞美之言泛滥，也是我们在赞美他人时应该注意的。

总之，赞美的语言是一支利箭，运用得好，可以给对象留下好印象，为你逢山开路、遇水搭桥。俄国大文豪托尔斯泰说："就是在最好的、最友善的、最单纯的人际关系中，称赞和赞扬也是必要的，正如润滑对轮子是必要的，可以使轮子转得更快。"因此，在与人交流时如果多一些赞美之词，往往能博得别人的好感，给自己赢得一个"会说话"的美名。

多多赞美他人的成就

适当的赞美，是促进人际关系和谐的润滑剂，但要恰如其分地赞美别人是件很不容易的事。如果称赞得不得法，反而会遭到排斥。希腊有句谚语：“使人幸福的不是体力，也不是金钱，而是正义和多才。”最能打动他人的赞美，莫过于对其才能的认可和高度评价。而通常情况下，人们的才能几乎都是通过成就展现出来的，因此，对方的成就就是我们赞美的开始。

事实上，即便是最普通的人，他也有引以为豪的成就，要么是自己工作努力、业绩突出，要么是学生时代读书勤奋，要么是子女懂事、有成就等，只要你善于挖掘，就能发现，就能找到赞美的点。

那么，我们在赞美别人成就的时候，该注意哪些事项呢？

1.多加了解，确定对方的成就

尚未确定对方最引以为豪之的成就前，你最好不要胡乱称赞，以免自讨没趣。比如，如果对方明明这月营业额下滑，你却夸赞他“生意兴隆”，招人嫌就在所难免。

2.善于发现，发现他人的长处

发现对方的长处，这是赞美对方长处的前提。对此，我们可以从对方的爱好入手。一般来说，人们只有先对什么感兴趣，才会擅长什么。几乎每个人都有自己的爱好，有自己擅长的事物，琴、棋、书、画等。这需要我们细心观察，在发现对方长处后，也不要贸然赞美，而应该先加以了解。

3.多从事实出发，而非成就本身

如果你一味地赞美对方成就卓著或只是蜻蜓点水式地稍加赞美，对方可能会认为是恭维或客套话，而如果你能指出对方有如此成就的原因或者具体表现，则能提高它的可信度，让对方觉得你是真心实意地赞美他。

比如，面对一个学有所成的年轻人，你可以说："你每天晚上熬夜学习，现在终于有志者事竟成了。"

4.虚心请教是最好的赞美。

有时候，我们没必要恭维他人的长处，这时，只要你虚心地讨教一番，作毕恭毕敬状，他人定会耐心地向你传授其中一二奥秘。

比如，你可以对一位爱好养花的老人这样说："王老，您这水仙是怎么养的呀？我怎么养不出这么好看的呢？"再比如，你可以对一个事业有成的人说："据说你这个月的销售额又提高了九个百分点，说说你是怎么做到的。"对方一定很乐意接受。

在使用语言赞美的同时，你还可以通过动作、眼神来表达敬重，比如，你可以恭恭敬敬地掏出笔记本和钢笔，真心诚意地请他指出你应该如何努力，也可以谈论他值得骄傲的东西，向他取经。这样做会引起他的好感。

总之，赞美也必须讲求技巧，只要运用得法，必能让对方由衷地高兴。

出乎意料的赞美更打动人心

人都喜欢听赞美的话，从别人的肯定和认可中得到内心之中的“自我肯定”。但是，并不是任何时候的赞美话都能使被赞美者心花怒放，也不是所有的赞美话都会被接受，事实上，赞美就像我们送出的礼物一样，想必我们每个人都喜欢那些意外的礼物——别致、精心准备的礼物。当我们收到这样的礼物时，常常会被感动得不知所以，赞美何尝不是如此呢？谁都不想听多余的、千篇一律的赞美之言，也就是说，出乎意料的赞美就好比意外的礼物。我们先来看下面的故事：

相传法国著名的作家大仲马年轻的时候，有一段时期非常的穷困潦倒，后来流浪到了巴黎，他去找父亲的一位朋友，希望他能够帮助自己找一份工作。当父亲的朋友得知他的来意之后，问道：“你有什么特长吗？”大仲马羞涩地摇了摇头。对方无奈地摇了摇头说：“那你把地址写下来，我帮你找到工作后好通知你。”大仲马惭愧地写下了自己的地址，对方说：“年轻人，你的名字写得很漂亮啊，这就是你的优点！”对方一边点头一边说：“ 把名字写好，就能把文章写好。”大仲马受到了鼓舞，兴奋地离开了。

父亲的朋友赞美大仲马的名字写得好，虽然这只是一句无心的赞美，但对于大仲马来说却“受宠若惊”，因为当时的他处于困境之中，这一意外的赞美无疑会增加他的自信心。可以说，这一赞美之言真的说到了大仲马的心里，让大仲马觉得他就是自己的知己，是“自己人”，进而增加信心。

心理学家认为：在每个人的心里，都渴望别人更多地欣赏自己。如果你只是说一些千篇一律的好话，则会让对方觉得你根本不了解他，在心理上就会产生落差，继而拉远心理距离。可见，在与人沟通的过程中，我们给对方的赞美最好是出乎其意料之外的、特别的，只有这样，才能让对方真正产生愉悦的心理。

印尼前总统苏加诺有一次访问中国，在青年们专门为他举行的欢迎会上，他用了独特的赞美赢得了青年们的爱戴。他说："今天，能够和大家见面，我觉得很幸福。因为你们年轻，是民族的希望。印尼有很多神话，其中说到一棵神树，叫作'愿望之树'，谁要是站到神树下说出愿望，立即实现。假如我现在站到这棵神树下，我要说：'我希望恢复我的青春。'"顿时，会场掀起了一阵高潮。

苏加诺想要赞美青年们，他没有说他们多么热情，没有说他们多么的有朝气，而是通过一个神话来表达自己的愿望，从中抒发了对青春的向往，巧妙地赞美了他们年轻和有希望，从而赢得了青年们的喜欢和尊敬。

心理学家认为，每一个人的内心深处都认为自己是与众不同的，都喜欢追求独特、个性。同样，他们也希望他人能看到自己的与众不同，此时，就需要我们能给出一个与众不同的赞美，这一赞美最好还是出乎意料之外的。这样，别人就会觉得你是真的欣赏他，真的了解他，会把你当成是他的知己。

当然，我们要想给他人出乎意料的赞美，需要从以下几个方面努力：

1.赞美要透过现象看本质

通常，当一个人取得成绩的时候才会被人关注，因而得到的都是对他的能力的赞扬。殊不知，对方更加在乎自己付出的努力。如果在赞美的时候，透过现象看本质，不去人云亦云地赞美表面的成就，而是去赞美对方所付出的艰苦的努力，往往在心理上会和对方靠得更近。

比如，有一个男孩特别喜欢踢足球，他渴望着能够成为足球明星。终于，在他25岁的时候实现了自己的梦想。于是他的老师和同学们前来为他祝贺。有一个老师说："你真了不起，这么年轻就成为了鼎鼎有名的足球明星。"男孩笑着说："这没什么。"这时候有一位同学说道："你的吃苦精神真的很令人折服，不管刮风下雨，你始终在球场上奔跑。"这时候，男孩走过去给了这位同学一个热情的拥抱。赞美别人能抓住细节，往往让你迅速地站到了对方内心中近距离的位置上。

2.意外的赞美不可突兀，要贴切自然

意外的赞美要恰如其分，必须是被赞美者所具有的闪光点。切不可生硬突兀地胡乱赞美，更不能空喊口号。如果称赞得不得法，反而会遭到排斥。

3.表情和动作上的赞美更能产生情感上的冲击力

一般的人对表情和动作的感受要远远超过对语言的感觉。赞美一个人，如果附带诚恳的表情和相应的肢体语言，会使赞美更具立体感。

心理学专家曾经做过这样一个心理学的实验：让两个人分别去赞美一个舞蹈跳得很好，但是却意外摔倒的姑娘。第一个人走上前去，一边笑一边说："你的舞蹈跳得太完美了。"第二个人走过去，拍了拍姑娘的肩膀，说了句“你很棒”。姑娘对第一个人的赞美，表现出非常厌恶的情绪，狠狠地瞪了他一眼，而望着第二个人感激地说了声“谢谢。”

两个人同样是去表达赞美，为什么第一个人遭到了白眼，而第二个人却得到了感谢呢？对于这种现象，心理学专家做出了解释：人对外界的反应有一个基本的是非判断，从而迅速地衡定内心的安全感。对于友善的表情和动作，同样会做出友善的迎合，继而换来更大的友善；对于不友善的情绪，则同样地给予敌意，以确保自己安全系数的最大值。

总之，我们若想让赞美他人的话深入对方心里，起到使其心花怒放的效果，就要给对方送一个意外的礼物——出乎意料的赞美，这会为我们赢得好感、增进彼此关系。

巧妙地将赞美的话传递给他人

我们都知道，渴望赞扬是每一个人内心中的一种基本愿望。美国著名心理学家威廉·詹姆士说：“人类本性上最深的企图之一是期望被赞美、钦佩、尊重。”但是，大多数情况下，赞美之词只有恰到好处，让对方觉得他的价值得到了肯定和认可，才算起到了作用，也就是说，虽然人都爱听赞美的话，但是并非任何赞美都能使对方高兴。所以说，赞美一个人时，一定要使用有策略性的手段，要别出心裁，才能打动对方的心。

前面，我们已经分析过，间接赞美他人的效果更明显，其中就包括在背后赞美，这是因为背后赞美更显真实性。心理学家曾经做过这样一个心理学的实验：当一位同学取得了奥林匹克一等奖之后，让一位老师去直接赞美他聪明，赞美他学习用功刻苦，同时，又让这位老师传达了另外一位老师的赞美和称许。结果，这位同学只是谦虚地微笑着离开了，之后却给那位没有露面的老师打了电话，传达了感激之情。

同样的赞美之词，为什么这位同学对直接表达的赞美表现得如此淡然，而又对利用他人之口传达来的赞美却如此重视呢？专家是这样解析的：通常，我们都有“被认可”“被肯定”的心理需求，同样，在潜意识里，每个人都会对别人说的话做出分析和判断。很多时候，当一个人当面说好听的话，往往是有所图，他所说的话被打上了引号，是否真诚有待定论；而相反，背着当事人的称许则没有任何所图，显得更加可信。这就是为什么前面的同学对当场赞美的老师只是谦虚的微笑，而对另外那位没有露面的老师表达了感激之情的原因所在。

在我们的现实生活中，这样的例子非常的常见。

有一个女孩到朋友家去做客，朋友的父母赞许说：“你这么有礼貌，真是太懂事了。”

女孩谦虚地说：“没有啦，阿姨，比起您的女儿来，我还差得远呢。”当时，朋友的表姐也在场。第二天，朋友告诉这位女孩说：“我表姐说你不但人长得漂亮，而且知书达理。”这位女孩惊讶地说：“你说的是真的吗？”当这位女孩第二次去的时候，对朋友的父母表现得很一般，对她的表姐却表现得很感兴趣。她觉得朋友的父母是为了让客人高兴才赞美她，而朋友的表姐的赞美才是发自肺腑的。

可见，在平日里，我们不要当着对方的面表达赞美，这样的赞美只能到达对方的耳朵里，却到不了心里。而要通过别人的口传达你的称许，这样才能起到相应的效果。

专家研究表明：每个人的内心都渴望得到别人的赞美和称许，这样会在心里对自我价值有一个肯定和认可。而当面表达赞美往往会让别人觉得你是阿谀奉承，对你的赞美之言产生质疑，这就与对方内心的期许产生了误差，“耳边风”自然就刮过去了。相反利用他人的嘴来表达赞美，则会让别人觉得你没什么可图，赞美自然真诚温暖。人们总是认为符合自己“心理认知”的赞美是真诚的，因而表现出喜悦和接纳。

以前，有一个脾气古怪的县令，他每一次发布新的政令，都要求下属当面称赞。刚开始的时候，当下属当面赞美，县令就非常高兴。但久而久之，县令觉得听来听去就是那几句赞美的话，也听腻了，心想：难道每次都需要自己要求你们那么做吗？可不可以来点新鲜的呢？

有个头脑机灵的下属看出了县令的心事，于是想办法来点“新鲜的”，希望让县令高兴高兴。这天县令又发布了新的政令，这一次，那位头脑机灵的下属并没有像以前那样当面称赞县令了，而是故意在一旁偷偷地跟同僚说：“凡是身居高位的人，大多喜欢别人的奉承，只有我们老爷不是这样，他一向对别人的称赞都不放在心里。”

没过多久，县令就从下属们那里知道了这几句话，心里非常高兴，马上唤来那个下属说：“好啊，知道我心里想的，还是只有你。”很快，这个头脑机灵的下属便受到了县令的重用。

其实，那位下属所说的那几句话就是想说给那个爱听恭维话的县令的。但是，这个下属并没有像其他同僚那样当面赞美县令，而是将这些话告诉第三个人，以和同僚在背后议论的方式，有意识地让县令听到耳朵里去，将县令捧得很高，从而达到了赞扬县令的目的。

要做到从容自如、得心应手地通过间接的方法赞美别人，还是要讲究一些技巧的。赞美是一门艺术，技巧性很强。就像画画一样，胡乱涂鸦的人都会涂上几笔，但要画一幅完整的作品，就没那么容易了。那么，究竟如何利用别人的嘴来传达你的赞美呢？在表达的时候要注意哪些问题呢？

1.赞美的话要有重点，说得简明扼要

很多人在利用别人传达赞美之情时，情感很真挚，结果却没有收到预期的效果，究其原因是表达很啰唆，没有重点，这就给传话的人带来了难度。比如：你看到了朋友家的小孩很懂事，一会儿赞美她尊重长辈，懂礼貌，一会儿又转移到爱讲卫生，爱学习上。结果传话的人传达时说了很多，却没表达出你的意思。你的赞美不真实，反而成了对她的讽刺。表达之前多了解很有必要。

2.赞美之言的“传播者”要选合适

利用他人的嘴来表达赞美时，如果这个他人与被赞美者关系疏远，那么很有可能你的赞美到不了位。例如你想要赞美你的领导很有魄力，却选择一个你的下属做传话人。可想而知赞美被传达的概率有多小。选择对方身边的人，或者是关系亲密的朋友或者家人，往往能达到很好的效果。

3.不要对对方的期许过高

有的人总是对利用别人的嘴传达赞美之情给予过高的期望，结果一旦收效不明显，就急不可待地上窜下跳，跑去询问传话人，甚至还会直接向被赞美者打听。最终导致你的赞美完全失效，还有可能引起别人的反感，起到反面的效果。

总之，只要我们掌握了以上几点要领，就能巧妙地将赞美的话传递到对方耳中，这样无论使用怎样的溢美之词，都不会显得过于露骨和肉麻，而对方又能同样领会到你的赞赏之情。

赞美他人胜过赞美自己

我们都知道，中国人素来以谦逊闻名，在中国传统的文化里，其实人们是不习惯直接赞美他人的，不少人都没有赞美别人的习惯。但在这里，我们不仅仅强调赞美他人，还需要学会赞美对方身边的亲人。

在生活中，我们都有这样的经历：做父母的，当听到有人赞美自己的孩子，这比赞美自己还高兴；做儿女的，当听到有人赞美自己的父母，这也比赞美自己还高兴。这其实是很正常的情绪表现，因为我们都会认为自己身边的亲人很重要，如果有人赞美了他们，就好像在赞美自己一样，不，应该是比赞美自己所带来的感觉还强烈，那是一种“家”带来的荣誉感和骄傲感。因为我们来源于那个家，我们是家里的一分子，就好像有人说亲人的坏话，那比打自己耳光还难受，就好像自己也被侮辱了似的。或许，每个人都是了解这种感觉的，所以，我们可以从对方身边的亲人开始赞美，这是一种从侧面赞美从而赢得好感的一种方法。

小欣在一家公司做秘书。这天中午，当大家已经出去吃饭时，小欣一个人在办公室，一位白发苍苍的老太太来到了办公室，指名说：“我想找你们的王经理。”

小欣很亲切地招呼：“请问，您找我们王经理有什么事情吗？”

老太太笑呵呵地回答说：“我是他母亲，早上他急匆匆来上班，把一份重要的文件丢家里了，这不我中午刚好没事就送过来。”

小欣仔细观察了那位老太太，亲切地说：“哦，是这样啊，我们经理出去办事了，大概一会儿就回来。要不，您先坐下休息会儿吧。”老太太点点头。

在等待王经理的时候，因为中午午休，办公室基本没什么人，小欣就与老太太聊了起来，小欣说道：“您老身体可真硬朗，今天好像电梯坏了，这七八层的，您是走楼梯上来的吧。”

老太太毫不在意地说：“那有什么的，才八楼而已，我以前可住的是十二楼，那是原来单位的老房子，根本没电梯，我每天上下班、买菜做饭，都是爬楼梯，其实都习惯了。不过年纪大了，要想身体好的话，还真是要锻炼，我身体硬朗，就得亏那会儿的锻炼……”王经理回来的时候，两人聊得正起劲。

下午小欣进办公室的时候，王经理意外地问道：“小苏，今天中午，你都跟我母亲聊了些什么？”小欣微笑着回答：“就随便聊了聊，拉拉家常，我发现她老人家身体真是硬朗，而且很健谈，心态也很年轻，她还跟我炫耀网上购物的事情呢。”

王经理也笑了：“那当然了，我母亲是个潮人，原来是个教师，现在退休在家，不仅喜欢锻炼身体，还喜欢上网，都成了网络达人了……”

我们发现，案例中的秘书小欣是个深谙赞美之道的人，她并没有直接赞美领导，而是发掘到经理母亲身上值得赞扬的地方，对其进行了话家常式的一番赞扬。她的赞扬得到了经理的认同，也使得上下级之间多了沟通，而王经理也卸下了领导的身份，像一个普通子女一样聊自己的母亲，那该是多么骄傲的一种心情。这里，我们还发现，秘书小欣在赞美经理母亲的时候，无论是在母亲面前所说的话，还是在经理面前所说的赞美，都是很恰当的，因为她的赞美是很有针对性的——根据老太太的年龄来进行赞美，而不是一开始就恭维：“你母亲真伟大，培养出了你这样出色的儿子”，这样的赞美未免就显得很“官方”，让人感觉不到真诚。

从这里，我们可以看到在与人沟通的过程中，赞美其亲人所能起到的效果。当然，赞美对方的亲人，也是需要讲究方法和技巧的。比如，当你见到对方的孩子后，你不能立即就说“这小孩真聪明，从小就是一副领导样”，这样的赞美听起来只会让给对方觉得别扭和虚假。再者，赞美对方的亲人也要看时机，要把赞美说到点子上。

有个职员想拍马屁，可是又总找不到合适的闪光点，再加上又总是见不到他的上司，为此而苦恼不已。这天，他无意中得知上司的儿子刚刚结婚，认为自己终于找到了个由头，恰巧这天，他在公司碰到了上司。于是他迅速地迎了上去，说：“领导好，听说你的儿子结婚了，真了不起。”此时，上司正好在和一个客户谈合作。听到下属这么说，白了他一眼，不满地说："咋了，不可以吗？"

很显然，这位职员的赞美不合时宜，也没说到点子上。基于人们的这种心理，在表达赞美的时候，要看准时机，把赞美之言说到点子上，送到别人的心坎上，这样才能使赞美起到事半功倍的效果。

其实，赞美领导亲人的方法并不难，你只需要遵循一个原则就行了：针对其年龄展开赞美。通常情况下，领导的亲人有老有小，如果是老人，则赞美身体硬朗，心态年轻；如果是小孩，则赞美天真活泼，聪明可爱。针对年龄的赞美是最恰当的，因为每个年龄有每个年龄需要赞美的东西，你只需要稍微思考，就可以说出恰当的赞美之词。

真诚赞美，不曲意逢迎

虽然赞美从不会被拒绝，也不会招致他人的反感，但是我们依然要把握赞美的度。世间事，凡事都有度，过犹不及，赞美也是如此。真诚的赞美，一定是发自内心的，没有任何功利的目的。和真诚的赞美相比，曲意奉承则显得非常虚伪，有些人甚至睁着眼睛说瞎话，让被其赞美的人都感觉无地自容。这样的赞美，非但不能帮助我们拥有好人缘，反而会被他人识破，导致他人看低我们。

前文曾经说过，赞美是对他人最廉价也最慷慨的给予。然而，赞美却不能泛滥。对于他人切实存在的优点和长处，我们自然可以慷慨赞美。但是，对于并不符合他人实际的赞美，只会让人觉得虚假。尤其是当把这种不符合实际的赞美用到领导或者上级身上时，则更显得目的性强，别有用心。总而言之，不管你赞美的对象是谁，我们都要尊重事实，千万不要无所顾忌，盲目赞美他人。

在公司的聚会上，大家看到了从不露面的董事长夫人。很多员工都是第一次看到董事长夫人，不由得大为惊讶。原本，大家以为事业有成的董事长，一定拥有富贵高雅的妻子。不承想，董事长夫人简直太普通了。她甚至没有一个普通的女子漂亮，身材又矮又胖，脸上还有很多雀斑。她也并没有如大家预期的那样穿着华贵的礼服出场，身上只有几件简单的首饰。面对这样的董事长夫人，原本满怀期待的员工们都有些失望。不过，大家都不想错过这个好机会与她套近乎，毕竟，她能当董事长一半的家呢！

宴会开始了，董事长夫人显然就是今日全场的明星。很多女同事都围聚在她身边，想尽办法赞美她。有个年纪比较大的女同事，视若无睹地赞美董事长夫人："夫人，您的气质真好，怎么看也不像是五十多岁的人呢！"董事长夫人笑笑，没有说话。还有位女同事说："夫人，您是如何保持身材的呢，您看看，您连一点儿赘肉都没有，气质还这么高贵。"董事长夫人听到这句话，表现出乏味的神情。丝丝一直不作声地待在外围，等到大家都渐渐散去，丝丝才走到董事长夫人面前，礼貌地说："夫人，您好。我是今年的新员工，叫丝丝。"董事长夫人礼貌地点点头。丝丝说："夫人，我很喜欢您的这条裙子。这条裙子虽然不是华贵的礼服，但是它是天然亚麻的。这种面料穿着很舒服，很养人，也和您淳朴的气质非常相配。”听到丝丝的话，董事长夫人闻听此言不由得眼前一亮。她笑着说：“你这么年轻，也喜欢这种粗布衣服吗？我还以为年轻人只喜欢时尚的款式和高档的面料呢！”丝丝笑了，说：“不穿职业装时，我几乎所有的衣服都是粗布的。这种面料会呼吸，给穿它的人带来极大的舒适度。不像礼服，虽然穿着好看，但是一点儿都不舒服，身体很受拘束。这件衣服和您的气质很相配，让我感觉您就是一个崇尚本真自然的人。”董事长夫人在接下来的时间里，一直在和丝丝聊天。她们从服装聊到工作，又从家庭聊到人生，这个纯真质朴的女孩，深深地吸引了董事长夫人。在这个年轻人越来越浮华的年代，董事长夫人仿佛找到了稀世珍宝一般，视丝丝为一见如故的知己。

如果能进入董事长夫人的法眼，自然也就离得到董事长的提拔不远了。在大多数女同事都围绕着董事长夫人拍马溜须时，丝丝一直淡定地等待着。她接近董事长夫人的目的很简单，无非就是觉得那件亚麻衣服非常漂亮，自己也很喜欢而已。恰恰是这样恰到好处的赞美，这种真情流露的赞美，打动了董事长夫人的心。一个历经沧桑的中年人，拥有自己的产业帝国，当然不会被那些女员工们别有用心的赞美蒙蔽眼睛，况且她并没有曼妙的身材、不老的容颜和高雅的气质。她有的是如同纯天然的亚麻和粗布一般的纯真自然，淡定拙朴。丝丝，一句恰到好处的赞美就击垮了所有人的曲意奉承。

毫无疑问，每个人都喜欢听赞美的话。然而，赞美必须切合实际。人，总是有自知之明的，当一个有自知之明、洞察世事的人听到他人不切实际的赞美时，内心一定觉得他非常虚伪。对于他人的赞美，并非越多越好，也并非越夸张越好。只有尊重事实，适度赞美，才能够使赞美最受欢迎。

第 11 章

高情商就是会用人情寒暄打动人心

巧妙寒暄，让对方打开心扉

在某些沉闷的环境里，很多人不愿意开口跟陌生人说一句话，那是出于一种防备和自尊心理，在这种时候，你应该学会如何去激起说话对象的某种情绪，让他慢慢开始滔滔不绝。而这就需要我们多说些积极的话语。因为通常来说，人们在快与不快这两种情绪中，会下意识地选择快乐的情绪。

举个很简单的例子：设想你正在乘着火车，你已坐了很久了，而前面还有很长的一段路程。你想与他人讲讲话，而如果你对对方说："真是一条又长又讨厌的旅程，你是否也有这种感觉？""是的，真讨厌。"对方肯定会这样回答。而接下来，你会发现，无论你说什么，他对你的回应都会是草草应付。这是为什么呢，因为你的开场已经给他带来了不快的情绪。语言可以表现一个人的人格。积极的语言会感染别人，使得他人得到鼓舞和关怀，我们来看看意大利著名女记者奥琳埃娜·法拉奇的一次采访经历：

20世纪80年代，法拉奇打算到中国对某位领导人进行一次专门采访。然而，当时中国刚刚改革开放，在此之前中国与西方世界有着长达几十年的冷战，法拉奇非常担心这次专访不会顺利。于是，在采访前，她翻阅了许多有关采访对象的书籍，在看到一本传记时，她注意到这位领导人的生日是1904年8月22日。于是，她脑海中有了些想法。

1980年的8月22日，中国某领导接受了法拉奇的专访。

"先生，首先我谨代表我们意大利人民祝福您，祝您生日快乐！"法拉奇十分谦逊有礼地说道。

"我的生日？我的生日不是明天吗？"领导说道。或许是工作太繁忙了，他已经忘记了自己的生日。法拉奇这么一说，他自己也糊涂了。

"不错的，先生，今天确实是您的生日。我是从您的传记中知道的。"法拉奇信心十足地说。

"噢！既然你这样说，就算是吧！我从来也不知道什么时候是我的生日。就算明天是我的生日，我也已经76岁了。76啊，早就是衰退的年龄了！这也值得祝贺？"显然，法拉奇的问候已经让这位领导对她有了好感，所以他不禁和她开了个小小的玩笑。

"先生，我父亲也是76岁了。如果我对他说那是一个衰退的年龄，他会给我一巴掌呢！"

法拉奇也和他开起了玩笑。那位领导听后，哈哈大笑。

"他做的也许对。不过，我相信你肯定不会对你父亲这样说的，对吧？"

采访气氛就这样十分融洽而轻松地形成了，接下来便是法拉奇此行的真正目的，她将谈话引入正题，采访在非常愉快的氛围中进行了。

法拉奇之所以能获得成功，是由于她这一番积极的寒暄：76岁对于一个人来说，的确是一个衰退的年纪，但她却巧妙地开玩笑："我父亲也是76岁了。如果我对他说那是一个衰退的年龄，他会给我一巴掌呢！"很明显，她这一番话营造出了积极轻松的交谈氛围，也消除了与陌生领导之间的陌生感，切入正题就会使事情变得顺利多了，所以她的采访都得到了满意的答复。

那么，什么是积极的语言呢？积极的语言就是能促进彼此交谈，增深彼此友情的带有积极意义的语言，比如说，说话要真诚等。

1.用有积极意义的语言应对

比如，当你和陌生人说话时，对方对你的态度突然间冷淡下来，这时与其一个人冥思苦想："难道我说了什么伤感情的话？"不如直接试着问对方："我是不是说了什么失礼的话？如果有的话请您原谅。"这样一说，即使对方真的有什么不满，心有不悦的话，也会烟消云散。因为你的坦诚已经让他原谅了你。

2.说话要真诚

由于说话态度不同，语言既可以成为建立和谐人际关系的最强有力的工具，也可以成为刺伤别人的利刃。如果没有发自内心的关怀的心情，即使用再多华丽的语言，也会被对方看穿。所以满怀真诚是最重要的。

3.对方的优点或值得夸奖的地方要立即夸奖

夸奖陌生人，要比赞扬熟人难，因为彼此还不熟识。对此，我们需要细心观察，找出其可赞扬之处。比如，从对方的穿着、打扮、配饰开始："您今天穿的西服颜色真漂亮！"可是，却不能阿谀奉承或溜须拍马，因为对方明白，既然是初次见面，你就说出这么多的恭维话，必定感觉得到你是在溜须拍马，而对你非常反感。所以，一定要说出真情实感。

4.不要说对方不爱听的话

这样一些话题不宜提及：不谈对方深以为憾的缺点和弱点；不谈上司、同事以及一些朋友们的坏话；不谈人家的隐私；不谈不景气、手头紧之类的话；不谈一些荒诞离奇、黄色淫秽的事情；不询问妇女的年龄、婚否、家庭财产等事情；不说个人恩怨和牢骚；不说一些尚未明辨的隐衷是非；避开令人不愉快的疾病详情，忌夸自己的成就和得意之处。这些都是对方敏感的话题，也是禁忌的话题。不说对方敏感的话题是建立和谐人际关系的准则。

使语言不成为“利刃”的最低条件是什么呢？那就是不要说对方不想听的话题。总之，与陌生人说话，多说积极的话语，令对方感到振奋开心，这对于我们成功操纵对方心理，打开交际局面是大有帮助的，这也是我们必备的一项说话本领！

首肯法助你马到成功

所谓首肯法，顾名思义，就是首先肯定他们的谈话，对他人表示尊重和理解。尤其是在面对陌生人的时候，首肯法更是能够帮助我们给他人留下好印象，从而为我们与他人关系的良好发展铺垫基础。

当然，首肯法也不能过于直白，而是要顺其自然、不露痕迹地表示对他人的肯定。举个最简单的例子，假如当对方正在说连自己都不确定的很多言辞，那么你却毫不犹豫地对他表示肯定和赞赏，那么他在怀疑你智商的同时，也一定想不通你为何要这样对他毫无原则也不负责任地进行夸赞。渐渐地，他甚至还会怀疑你的人品，觉得你只会拍马溜须。相反，当对方说得很对时，我们要抓住机会表达对对方的肯定，也向对方表明我们完全理解和接纳他们的看法，也很认可他们的做法，并且迫不及待想要继续听他们讲述。这样一来，对方受到我们的肯定和激励，自然会更进一步往下谈。

其次，在倾听他人讲述的过程中，我们如果对他人表示肯定，那么就可以缓慢而又大幅度地点头。这样一来，表示我们对他们说的话完全认可和理解，而且会使对方觉得我们很理解他们的心情，也已经全盘接纳了他们的各种观点。毋庸置疑，他人受到我们这样的鼓舞之后，必然谈兴愈加浓厚。

这两种方法都是首肯法的小技巧，虽然我们做起来可以不露痕迹，也可以装作漫不经心，但是却能够给予对方极大的肯定和鼓励。试想，当我们一边说话一边得到他人的肯定和赞许，难道我们不会更加激动地讲述自己的更多想法和感受吗？最可怕的就是听别人说话，但是却毫无反应，更没有积极地回应，这一定会使谈话者感到枯燥乏味，甚至根本没有欲望把话继续说下去。

作为一个顽皮儿子的爸爸，张富的爸爸又被老师“请”到学校去了。老师简直对顽皮的张富毫无办法，也被气得够呛，因而一看到张爸爸，老师就马上迫不及待地抱怨："张爸爸，我真的对你家的张富无计可施，要是能辞职，我真想辞职了事。"张爸爸听后，马上点头表示附和："老师啊，我和你有一样的感受，要是爸爸可以辞职，我也真想辞职不干了。但是我辞不了职，所以我只能继续硬着头皮管教他，还寄希望于随着年岁增长，他能不要再让我这么操心。"听到张爸爸的话，原本怒火中烧的老师不由得消了气，噗嗤一声笑了。老师说："我一个小小的老师都辞不了职。你作为爸爸，只能和张富继续纠缠啦。"

接下来，老师开始绞尽脑汁地和张爸爸一起想办法，看看如何对付张富才能够更加有效。当然，在对付张富方面，老师因为是老师，也因为接受过专业的心理学学习，更因为和那么多调皮的孩子都接触过，所以老师好歹比张爸爸多一些好主意。在老师的循循善诱下，张爸爸时而缓慢地点头。老师不由得心生安慰：好歹张爸爸还是听懂了我的话，希望他回家之后能够好好配合我们老师的教学和教育工作吧！

就这样，张爸爸因为善于运用首肯法，居然把老师的一场火山喷发消散于无形。实际上，没有人希望自己在一开口说话的时候就被人否定，大多数人都喜欢听好话，喜欢听他人肯定自己的话。为此，首肯法在与陌生人交流时效果显著，屡战屡胜。

虽然首肯法在人际交往中并非是多么重要的方法，也没有很大的技术含量，但是包括首肯法、眼神交流和简单附和等方法，却都能以最简单的方式博得最好的交流效果。当我们毫不吝啬对他人进行肯定时，他人也必然以信赖回报我们，这样我们不管是展开说服还是展开人际交往，都能马到成功。

亲切让寒暄更自然

称呼，是人与人之间在交往中一方对另一方的称谓。虽然，在平日的生活中，我们并没有过多地重视称呼的变化，但实际上，善于称呼才能为你赢得好感。在我们日常交际中，称呼是一种很友善的问候，也是人与人之间交往的开始。中国自古就是一个文明的国家，逐渐形成了一种文明规范的礼貌称呼，当然，也有在朋友之间的昵称或者绰号。因而，在某些时候，怎么称呼别人，成为了一件很讲究的事情。如果你能够称呼恰当，会让对方感到很亲切，也能够帮助你在人际交往中如鱼得水，事半功倍，给对方留下一个良好的印象。相反，如果你称呼得不恰当，往往会惹得对方不快，甚至产生恼怒情绪，这样也会使双方的交流陷入尴尬的境地，导致交流失败。

“伟明，我们班明天上午第一节课需要教导处安排一下，谢谢你了！”

“海大哥，明天我试教，麻烦你来听一下，多提宝贵意见噢。”

“阿坤，我们班的阳光指数好像有些出入，我想和你讨论一下。”

“萍大小姐，今天下午1点，少儿频道来采访你们班的‘道德银行’，你准备一下。”

这些天来，不断地在办公室听到这样的称呼。被称为萍大小姐的方萍老师笑言：“刚开始时还觉得不习惯，可后来才发现这样的称呼挺有意思的，比以前的直呼其名亲切多了，我们在这样一种轻松的氛围中愉快地工作，连工作效率也提高了不少。”

在小学教育集团的校园里，出现了这样的现象，不论是打招呼，或者是公务往来，许多老师之间不再直呼其名，取而代之的是更显亲切的别样称呼。这种变化是自从新校长来了之后开始的，当校长亲切地称呼老师的时候，让老师们感觉好像一家人一样。老师们做起事情来也更显主动，增强了集体荣誉感，和谐了领导和下属、同事与同事之间的关系。

俗话说：一滴水里见太阳。当你置身于一个校园，听到下属与上司之间彼此的称谓，就可以知道这所学校的文化及员工之间的关系大概如何了。从直呼其名到别样称呼，看似不经意的改变，却让置身于其中的人感到无比的亲切，提高了工作效率，增强了集体荣誉感，也和谐了上司与下属、同事与同事之间的关系。

那么在一个集体里，我们要怎样称呼他人才更友好呢？

1.不可直呼其名

一直以来，西方主要以直呼其名为称呼的方式，但对于一直主张文明礼仪的中国，这样的称呼方式并不恰当。也许，有的人觉得只要不是自己的父母长辈，只需要以直呼其名来称呼他人了，这样也给自己省去了不少麻烦。殊不知，即便是不怎么熟悉的同事，如果你以直呼其名的方式来招呼他人，只会让对方有不受尊重的感觉。所以，对于绝大多数人来说，他们都会在正式的拜访场合或者日常的交际场所，舍弃直呼其名而选取别样的称呼，这样反而会给对方一种特别的亲切感。

2.到位的称呼

有人会感到不解，什么是到位的称呼？顾名思义，也就是适宜的称呼，但是，这样的称呼首先必须是恰当的，还必须以亲切感为原则。除了我们日常生活中稍微正式一点的“某某先生”“某某小姐”，别样称呼不仅仅体现了尊重的意味，还有别于“先生”“小姐”带来的生疏感，以一种别样的亲昵缩短双方之间的距离。所以，舍弃直呼其名的称呼方式，选取别样的称呼，这样会让你在复杂的人际交往中轻松应对自如。

3.带点亲昵的称呼

以中国人传统的礼仪，许多人觉得“长幼有序”，而彼此熟悉的同辈之间就可以直呼其名，虽然这样的称呼也是无可厚非的，但是却少了一份亲昵。所以，要想致力于在人际交往中建立融洽的人际关系，就不应该直呼其名，而是选择带点亲昵的称呼，这样在无形之中会拉近彼此的距离，增加亲切感，同时也让寒暄变得更加自然。

如何称呼他人，看似很简单，却是一门不简单的学问。有的人习惯以“请问是某某吗”或者客气地说“某某，您好”，这样直呼其名，一下子就拉开了彼此之间的距离，而且直呼其名也显得很不尊重。那么，这时候，我们就需要以别样称呼来代替直呼其名，如此恰到好处的称呼会让我们的寒暄听起来更加贴切自然，而所产生的交际效果也是意想不到的。

传递使人印象深刻的信息

很多人即便与人交谈时说了很多，也无法取得最终的效果。究其原因，是因为他们缺乏有效表达的能力，因而虽然说起话来滔滔不绝、口若悬河，但是却全都没有说到点子上，这样一来别人必然对他们的话丈二和尚摸不着头脑，也就对与他们的沟通彻底失去兴趣。

在面试员工的过程中，招聘者除了考察应聘者各方面的能力之外，更是对应聘者的语言表达能力非常重视。现代职场哪怕我们不是专业的讲师或者从事推销工作，也依然需要表达和沟通能力，即与人交流的能力。试想，假如招聘者根本听不懂应聘者在说什么，他还敢聘用这位应聘者吗？从这个角度而言，能够成功表达自己的意思，与人顺畅的交流，对于人生的职业生涯发展也至关重要。

很多人之所以说话艰难晦涩，让人根本听不懂，也许是因为他们自身的表达能力欠缺，也许是因为他们过于重视他人的反应，所以才会导致自己完全打乱谈话的思路。毋庸置疑，每个人在表达的时候都渴望他人能够清楚自己的意见和观点，也希望他人对于自身是怎样的人有准确的了解。正因为如此，他们才过于重视听话者的反应和期待，然而说者滔滔不绝，听者却根本跟不上说话者的节奏。这种情况下，听者露出懵懂无知的神情，说话者则因为思绪混乱，导致说起话来更加茫然无绪。其实，说话的多少和长短并非是最重要的，最重要的是要在说话过程中留下最重要的信息，也是最便于听话者记忆的信息。这样，听话者才能完全听懂我们的话。当然，这里还要避免一个误区，即有些人觉得只有言简意赅的话才是方便让人记忆的，其实不然。很多时候言简意赅的话因为过于抽象，反而不容易记住，反倒是那些生动形象的话，就算是有些长，也能让人更方便地记忆。

最近，爸爸妈妈正在逼着青青相亲。的确，青青已经过了三十岁了，在父母眼中女孩子过了三十再不结婚，就会成为彻底的剩女。为此，盼着青青早日结婚的爸爸妈妈再也沉不住气了，一到周六日就逼着青青相亲。看到爸爸妈妈着急的样子，虽然青青发自内心地抵触相亲，却也不得不按照父母的意愿去相亲。

周五晚上，大姨来到青青家，拿出一张男人的照片。照片上，男人看起来还不错，长得中规中矩。青青不讨厌，因而问大姨："大姨，他人怎么样啊？"大姨笑着说："他呀，可是非常优秀，还是海归呢。"青青显然对大姨的回答很不满意："大姨，既然他是你的同事，你就不能跟我说得更加详细些吗？"大姨明显感觉到青青对对方有兴趣，因而更加仔细地说："他三十五岁了，身高目测一米八以上，长得浓眉大眼的。他总是笑眯眯的，头发每天都干净清爽，从不像很多男人一样油腻腻脏兮兮的。他的衣服也很干净清爽，最重要的是他说话温文尔雅，我保证你肯定会满意的。"听了大姨的这番描述，青青情不自禁地在脑海中勾勒出对方的样子，甚至对于次日的相亲约会有了小小的期待。

大姨第一次对青青的这个相亲对象描述得过于简单，虽然很精练，但是却因为过于抽象，无法给青青留下形象的印象。在第二次进行介绍时，大姨的描述明显更加详细，而且绘声绘色，很快就在青青心里勾勒出相亲对象的样子，因而给青青留下了深刻印象。毫无疑问，大姨第二次用来描述那个男人的语言，就是能够帮助青青有效记忆的语言。

在与他人交流的过程中，每个都希望自己说出的话能给他人留下深刻的印象。然而，要想让语言深深地印刻在他人心底是需要技巧的，即尽量少说抽象的话，而是把话说得生动形象，尽量少使用抽象难懂的词语，而要把自己的亲身感受更加详尽具体地描述出来，这样他人才会把我们的话内化成他们自己的，也更深刻地领会我们的表达。

从第三者角度，发表见解

很多人在与陌生人交流的时候，总是不知道该说些什么话题。前文我们列举了一些基础话题，实际上如果实在无话可说，也可以从第三者的角度发表见解，由此引发讨论。常言道，谁人背后无人说，谁人背后不说人。虽然背后议论别人是不好的，但是我们以第三者的言论作为切入点，从扯闲篇开始与他人交谈，各抒已见，并非是在背后议论他人短长，也根本不涉及道德问题。

毫无疑问，第三者说了什么对于我们其实无关紧要，我们最重要的是以第三者的话作为切入点，而不是针对第三者所说的较真或者是深入挖掘。每个人在背后都难免会议论他人，尤其是当第三者说的话与我们不相干的情况下，我们也就更加能够放松交谈，各抒己见。退一步而言，就算第三者说的话真的和我们有关系，只要我们能够做到自我解嘲，或者自我调侃，也能够成功化解尴尬，从而使我们与陌生人之间展开轻松愉悦的交谈。

现实生活中，很多人都特别在乎他人对自己的评价。每个人都很忌讳他人在背后说自己的不好，还会因此变得神情沮丧，灰心绝望。与此恰恰相反，假如我们能够从谈话对象的口中听到第三者对我们的赞美，那么我们一定会沾沾自喜，甚至喜不自禁。当然，我们也可以是那个说出第三者的赞美给他人听的人，所谓“赠人玫瑰，手有余香”，虽然赞美他人的并不是我们，但是我们却是赞美的使者，因而他人也会对我们心怀感激。

大学毕业后，豆豆留在大学校园里当了教学辅导员，当然，那些资历很深的大学教授们都对豆豆不以为然。毕竟豆豆刚刚大学毕业，而且还没有走出校园，对于豆豆而言也只不过是转换了角色，其实每天的生活还和之前差不多。

很多老师都觉得豆豆还是个黄毛丫头，因而对豆豆总是低看一眼。豆豆呢，突然和以前的老师坐在一起办公，也有很多不适应。为此，她决定先发制人，先站稳脚跟，再慢慢谋求发展。一天中午，豆豆故意在与办公室主任张老师要好的乔老师面前说：“乔老师，整个办公室我最佩服的人就是张主任。看看，学生那么多的问题，他都能一一解决，而且还能让学生对他竖起大拇指。近来我当了辅导员，才知道学生工作是多么难做，尤其是现在的大学生太有主见，很难降服。尤其是张老师还说，我必须要经过十年的历练，才能真正做好学生工作。对了乔老师，您以前也当过辅导员，有什么真经可以传授给我吗？万分感谢啊！”果然，听到豆豆的话，乔老师笑着说：“哈哈，学生工作的确难做，但是未必需要十年。曾经啊，张老师也这么说我，只可惜我只当了几年的辅导员就考研，留校任教了。”豆豆马上表现出对乔老师的崇拜说：“乔老师，您太厉害了，我要向您学习。要是我也能像您一样就好了。”就这样，豆豆和乔老师相谈甚欢。后来，乔老师无意间和张老师说起豆豆对他的仰慕之情，张老师也对豆豆留下了好印象，环经常特意关照豆豆呢！

豆豆可谓一箭双雕，她在同样当过辅导员的乔老师面前说起张老师说的话，引起了乔老师的共鸣，所以和乔老师相谈甚欢。她又当着乔老师的面说张老师好，这样当张老师得知豆豆在背后赞美自己，自然也对豆豆心生好感。

每一位学生一旦从大学校园里毕业，走上社会，就会发现人生突然变得不同。人与人之间的关系非常复杂，有的时候一句漫不经心的话，就有可能使人心中产生微妙的改变。所以作为职场人士一定要谨言慎行，也要尽量与他人搞好关系。如果一时之间找不到合适的话题可以交谈，以第三者的言论作为切入点下手，也是很不错的选择。

附和也要有章可循

附和的力量是很强大的，虽然这样，但依然有很多人根本没有意识到附和如此重要。很多人因为不能恰当地附和他人，导致无形中得罪人，也有些人因为不知道附和的重要性，因而失去千载难逢的好机会。既然附和如此重要，难道我们应该无条件地附和他人吗？当然不是，附和也要符合一定的限度，也是要有章可循的。

附和他人当然是想收到良好的效果，但是良好的效果并非唾手可得。首先，附和他人时，我们要让附和的语言变得丰富，而不要说来说去就是那简单的几句话，甚至是几个字。否则，当他们觉得我们的附和缺乏诚意，也毫无新意，他们一定会对我们心生不满，与我们的交谈也会遇到障碍，无法顺利进行下去。现实生活中，很多人不管他人说什么，都只会以“嗯”“哦”“啊”等作为回应，让人感到很乏味。其实，诸如“真的吗”“居然这样啊”“简直让人难以置信”之类的语言，也可以起到良好的附和效果。

其次，对于对方正在说的话题，为了表示我们的浓厚兴趣，我们一定不要只顾着听，而忘记附和和回应。尤其是当对方说到紧要关头故意停顿的时候，我们更是要当即表示我们对他们讲话的认同。虽然倾听很重要，但是很多时候只付出耳朵倾听是远远不够的。我们唯有让对方感到我们对他们的倾诉兴致浓厚，而且我们也正在随着他们的讲述心潮起伏，他们才会更有兴趣继续讲述下去。

老宋是个慢热的人，不管做什么事情，他都稳重有余，激情不足。一天晚上，妻子和老宋说起要送孩子去幼儿园的事情。因为已经亲自看过幼儿园，所以妻子很兴奋，再加上一想到自己即将从带孩子的工作中解放出来，妻子更加滔滔不绝。然而，等到妻子说了有好几分钟之后，却发现老宋没有任何反应，只是瞪着眼睛看着电视，妻子突然觉得兴致索然，而且心中升腾起一股怒气："你到底有没有在听我说话？难道孩子是我一个人的吗？如果你不发表任何意见，那么就pass掉这家，接下来由你去给孩子选幼儿园。"老宋如梦初醒，瞪着一双无神的大眼睛看着妻子："我在听啊！"妻子更加气结："你在听？你一点反应都没有，真的在听吗？真是懒得跟你说话！"

就这样，一个原本愉快的夜晚，就因为老宋不知道附和，导致妻子非常生气，整个夜晚也变得非常沉闷。

很多时候，不知道附和他人，意味着对他人的讲话不懂得尊重，甚至使他人怀疑你根本没有在听他所说的话。不得不说，这的确是使人生气的，因为没有任何人愿意被人忽视。现实生活中，我们在与人交谈时，尤其是在面对陌生人时，一定要学会附和，这样才能向对方传达我们的在乎。

最后，在与陌生人沟通时，如果不知道回应，对方就不会想要继续讲述。假如我们想更多地了解陌生人，就要更加积极主动地回应陌生人，让他们知道他们的讲述已经被我们听到耳朵里，也记在心里了。在这种情况下，我们可以以一些疑问句作为回应，例如问对方"到底是怎么回事""事情怎么会这样呢""最终的结果如何了"之类的疑问句，从而激发对方的谈兴，使对方更加兴致盎然地向我们倾诉。这样一来，我们也就有机会更加了解对方的内心，从对方那里得到更多的信息。

也许有些朋友会说，我对他们的话题根本不感兴趣，如何回应呢？只要你想把交谈继续下去，面对对方谈论的你根本不感兴趣的话题，你更要积极回应，这样才能让对方愿意交谈，也才能给予自己更多的机会了解对方。当然，在对方倾诉的过程中你必须要回应，却也不能过多回应，否则就有打断对方说话的嫌疑。如果说对方的倾诉是十分，那么你的回应只需要占到二三分就足够了。朋友们，赶紧把这个黄金比例运用到实际交谈中试一试吧，效果一定会出乎你的意料哦！

第 12 章

高情商就是善用万全之策博得众人掌声

自问自答，吸引对方注意

在日常交际中，有时候我们自己提问了，并非需要对方来回答，这时候所采用的就是“自问自答”。或许，有人觉得，在沟通中应该不会用到“自问自答”的设问，实际上，在某些特定的环境下，为了引起对方的注意，以自问自答的形式，故意先提出问题，自己提问自己回答，这不仅可以引起对方的注意，而且还能够启发对方有效思考。

康熙末年，太子失宠。储君之位岌岌可危。许多有实力的阿哥们看在眼里，喜在心里，个个都摩拳擦掌，为了争夺太子之位，无所不用其极。他们为了将对手打败，就开始了在各个方面的较量和斗争，争相在康熙面前表现自己的优秀和能干，渴望得到老皇帝的垂青。

康熙四十八年秋天，皇帝前去热河狩猎，由诸皇子皇孙陪同前往。康熙决定将一柄玉如意作为奖品，奖励狩猎表现中最出色者。因为这个如意是当年顺治赐给康熙的，一直是乾清宫里的镇殿之宝。所以，几个有野心的阿哥都把这当成太子的象征来看待，觉得狩猎获得第一就能获得储君的位置。所以，他们在打猎的时候都使出了浑身解数，都想成为最优秀的一名。

狩猎的结果很快就出来了。那些勇猛善战的皇子们都射杀了数量不等的猎物，其中十四阿哥和十三阿哥并列第一。而八阿哥胤禩却没有射杀一个猎物，只是捕获了11只活的。康熙问其原因，八阿哥侃侃而谈："上天有好生之德，儿臣不愿意为了一个如意而杀生，伤了父皇的仁慈之名……"那些素来和胤禩走得比较近的王公贵族纷纷向皇帝称赞八贤王的仁慈，建议把这柄如意赏给老八。

在大臣们的吵嚷声中，年仅六岁的弘历却大声地说："诸位说的这话不对！你们说不忍杀生是慈悲心怀，那么皇爷爷一生射杀了那么多野兽，难道就没有慈悲心怀了吗？……皇爷爷一生射杀了135只老虎，132头野猪，96只狼，25只豹，20头熊，10只猞猁狲，还曾经一天之间射死了310头猪，其余哨获之鹿不计其数……天生万物本来就是供人取用的，我大清的祖先们以射猎为生，就像中原的汉人以耕田为生一样，都是上天交给我们的谋生之道……那是皇爷爷不忘本，皇爷爷如果没有射杀这么多野兽的本领，就不能平三藩，收台湾，平定蒙古叛乱，创建我大清万世的基业！皇爷爷是我大清的第一巴图鲁！"康熙听到之后，觉得这个皇孙说的话很有道理，顿时龙颜大悦，高兴地对众大臣们说："我这一辈子封不过少人做巴图鲁，没想到，起我的巴图鲁称号却是我的孙子给的，还是第一巴图鲁。"康熙在欣喜之下，就把这柄如意赐给了弘历。

"诸位说的这话不对！你们说不忍杀生是慈悲心怀，那么皇爷爷一生射杀了那么多野兽，难道就没有慈悲心怀了吗？……皇爷爷一生射杀了135只老虎，132头野猪，96只狼，25只豹，20头熊，10只猞猁狲……”弘历通过自问自答，吸引了对方的注意力，受到康熙的宠爱。康熙二十四个儿子，一百多个皇孙，唯独对弘历格外看重，这和弘历能说话和会说话有着很大的关系。后来，康熙把帝位传给了弘历的父亲胤禛，其中原因，和这位能说会道的皇孙也有着很大的联系。

当然，我们在使用自问自答的时候，也需要注意自己的言辞，是否符合语境。简单地说，你是否可以很好地提出问题和回答问题，如果没有掌握足够的知识，胡乱自问自答，那只会贻笑大方。古人说“腹有诗书气自华”，也正是这个道理。没有知识修养的人，无论有着多么高的社会地位，在讲话之中都会留下笑柄。

在众多提问方式中，自问自答也是必不可少的一种提问方式。通过自问自答强烈地表达了自己的思想与观念，引起对方的注意和思考，同时引出自己想要说的话，起到了承上启下的作用。在实际提问的时候，我们可以将此方法灵活运用，达到自己的目的。

善用设问与反问，形成互动

为了提醒、加重讲话内容，引起对方注意，增强语言表达效果，有时需要在沟通中进行自问自答，巧妙运用设问、反问，与对方形成互动，调动他们积极思考问题，激发他们的热情。

设问能够产生悬念，引起人的注意力，引发对方思考。如果设问运用得好，就会使说话极具说服力和感染力，产生让人无法辩驳的说理效果。常用设问，还能帮助讲话者抒发情感，曲折含蓄地表达出某些不便明言的信息。比如有人在说话时这样说道："什么是龙头？龙头就是标杆，就是参照系，任何人都要服从，都要以此为标准，必须将认识进一步统一到这个总的指导思想上来。"

设问的问话，切忌提一些无关紧要、众人皆知或者缺乏震撼力的问题，也不需要问得太过频繁。设问的运用，关键就在于为说话内容设计几个比较醒目、巧妙而又有分量的问题，给听众一种好奇感，激发他们等待答案的期待，然后自己作答，娓娓道来。

反问则是不需要回答的问题，答案就在问话之中，就是对问话的否定。反问的运用，可以表达出非常激烈的情绪，在热情奔放、情绪激昂的场合最适合运用。一连串设计巧妙的反问句，能使说话具有非常大的气势，具有极大的震撼力与感染力，让听众听了之后情绪高涨，热血沸腾。

有一次，拿破仑对他的秘书说："布里昂，你知道吗？你也将永垂不朽了。"

布里昂开始不理解拿破仑的意思，拿破仑解释说："你不是我的秘书吗？"

布里昂明白后，笑了笑说："请问，亚历山大的秘书是谁？"

拿破仑回答不上来，赞扬道："问得好！"

布里昂明白了拿破仑的意思，虽并不寄希望于依靠拿破仑的名气扬名，但是他仍不忘作为秘书对主帅的尊重，所以采用表面请教，实际上采用了反问的方式：“请问，亚历山大的秘书是谁？”证明了大前提的不可靠性，也使拿破仑的结论不攻自破。

运用反问能够增强语势，把原来肯定的意思表达得更鲜明，不容置疑，所以，也更容易集中听众的注意力，给听众造成强烈的印象，容易唤起听众的想象和激情，这样的表达方式比正面更能产生力量。反问把答案寓于问句之中，而它所表达的思想内容与句子的表面意思相反：如果语句表面意思是肯定的，那么思想内容则是否定的，反之亦然。

在日常沟通中，如何用好设问呢？

1.利用设问激发听者的兴趣

即提出一个设问句，紧跟着说一个答句。这种设问，可以快速集中对方的注意力。富有趣味性的设问，往往可以引起听者的兴趣，使其情绪保持在愉快的状态。在实际沟通中，所提问题应角度新颖，富有启发性，可以引起听者的兴趣和注意。

2.典型的设问句式

除了一问一答，还有几问一答，连续问答。其中，几问一答，即先集中提出一连串设问句，然后集中加以回答，这种设问，可以增强论辩力量，引人深思。比如：啊，是谁，这么早就把那亲爱的令人心醉的乡音送到我的耳畔？是谁，这么早就用他那吱吱哇哇的悦耳动听的音乐唤来了玫瑰色的黎明？是一个青年人。

连续问答，即连续使用一问一答的方式。这种设问，可以造成一种步步紧逼、势不可当之气势，具有强大的论辩力量。

请教式提问让你赢得支持

在生活中，我们经常听到诸如“你的手工做得太好了，怎么做出来的，能教教我吗？”此类别具一格的赞美方法，也就是请教式提问。那么，什么是请教式的提问呢？顾名思义，就是针对对方擅长的某些方面，而话语中带着请教的意味，似乎对方的优秀程度已经将其摆在了“老师”的位置上。而大多数人听到请教式的提问，虽然表面上不作声，但其内心却早已经是兴奋异常了。

另外，请教式提问能更容易让对方接受，让对方体验到自己的价值，从而心中产生某种成就感。这样的提问方式大多适用于下属对上级、学生对老师、晚辈对长辈，由于对方身上有自己不具备的一技之长，遂以请教的提问方式表达自己的仰慕之情。在这个过程中，对方往往能在请教式提问中答应自己的请求，或者，他们有可能会主动帮助你渡过难关。

美国的一家化妆品公司曾有一名优秀的“推销冠军”。有一天，他还是和往常一样，把公司里刚出的化妆品的功能、效用告诉顾客，然而，他所介绍的女主人并没有表示出多大的兴趣。于是，他立刻闭上嘴巴，开动脑筋，并细心观察。突然，他看到阳台上摆着一盆美丽的盆栽，便说：“好漂亮的盆栽啊！平常似乎很难见到，这是你自己种的吗？”

女主人来了兴致：“你说得没错，这是很罕见的品种。同时，它也属于兰花的一种。它真的很美，美在那种优雅的风情。”

“确实如此。但是，它应该不便宜吧？”

“这个宝贝很昂贵的，一盆就要花700美元。”

“什么？我的天哪，700美元？那每天都要给它浇水吗？我一直很喜欢盆栽，但却对此一窍不通，我能向你请教，你是如何培育出这样美丽的盆栽的？”

“是的，每天都要很细心地养育它……”女主人开始向推销员倾囊相授所有与兰花有关的学问，而他也聚精会神地听着。最后，这位女主人一边打开钱包，一边说道：“就算是我的先生，也不会听我嘀嘀咕咕讲这么多的，而你却愿意听我说了这么久，甚至还能够理解我的这番话，真的太谢谢你了。如果哪天有空，我会乐意向你传授种植兰花的经验，希望改天你再来听我谈兰花，好吗？”女主人爽快地接过了化妆品。

通过向女主人请教关于盆栽的问题，打开了女主人的谈话兴致，而且，在交谈过程中，销售员一直以请教式提问来夸奖女主人，使得女主人的心理得到了极大的满足。说到最后，没等销售员开口，女主人就主动掏钱购买了化妆品，而且，还发出了“希望改天你再来听我谈兰花”的邀请。足以见得，请教式提问所产生的良好效果。

请教式提问，是一种非常有效的提问方式。给他人戴上了一顶高帽，再虚心的请教，想必，一个再倨傲的人也会被打动，这样一来，自己所请求的事情自然就能够办成了。

那么如何做才能使请教式提问发挥效用呢？

1.满足对方的心理

在生活中，每个人都有“好为人师”的自大心理，所以，在许多时候以低姿态，有针对性地请教对方，以自己的普通甚至低劣凸显对方在某些方面的高明和优势，可以间接起到赞美对方的作用。恰到好处地使用这种方式，既成功地赞美了对方，又可以给对方留下虚心好学的好印象。

2.请教式提问既请教又鼓励

其实，请教式提问不仅仅重在请教，还表现出一种鼓励的意味。当然，这样的一种提问方式不仅局限于下属对上级，很多时候，上级为了鼓励下属，也可以向下属发出“请教式提问”。

3.放低自己，抬高对方

在日常生活中，还有许多家长更是将请教式提问当作一种很好的教育方式，以此来鼓励小朋友。有时候，我们在求人办事的时候，不妨放低自己的身价，虚心请教提问，再说几句赞美之语，说不定能取得良好的效果呢。

含糊其词，有所保留

在日常交际中，每一次提问都包含着一个目的，有可能是纯粹地与他人建立和谐友好的关系，有可能是想从对方回答中获取一些信息。但是，无论是什么样的目的与意图，若是清晰地呈现在问题中，那么，很有可能会令对方产生一些不好的感觉。对方会认为，你的提问、交谈都存在着一定的企图，他会不自觉地选择戒备的心理以保护自己，这样，也就影响谈话的进一步进行了。另外，对于国际商业谈判如此重大的场合来说，更不应该彻底地暴露自己的意图、目的，凡事都应该慎重，这样，我们才能“知己知彼，百战不殆”。

周末，朋友聚会，大家惊讶地发现，离婚多年的王太太竟然快结婚了。自从上一次不幸的婚姻之后，王太太就打消了结婚的念头，突然出现了这样的消息，朋友们十分惊讶，纷纷询问：“他到底是谁？”王太太笑着回答说：“一个会提问的人，每一次约会，我都是不知不觉中答应的。”

然后，王太太讲述了第一次约会的情景：“刚开始见面，他就问我：‘网球和电影，你更喜欢哪一种？’我回答说：‘我喜欢看电影。’他接着又问：‘国产片和外国片，你是喜欢外国片？’我笑着回答：‘是的，但是附近的电影城正在上演的是张艺谋的新片，我也很想看。’他也笑着说：‘这样好了，这个周末我们一起去看。’我就不假思索地回答：‘好吧！我们去看。’”

说完，王太太满脸幸福：“每一次和他说话，他总是问这问那，而我根本不知道他为什么会这样问，稀里糊涂就回答了，结果，我就这样被他骗走了。”

王太太未来的老公的高明之处就在于：他从来不透露自己提问的真实意图。因此，王太太很轻松地就走进了“圈套”，不知不觉就答应了对方的邀请。通过王太太的例子，我们不得不说“有效的提问真的是一种智慧”。人与人之间的相处既是这样，那么，对于蕴含着重大利益的商业谈判，每一个提问更是不容马虎。有可能，在谈判过程中，稍微不注意就会透露出自己的意图，让对方占尽先机，从而损失一笔大买卖。有时候，含糊其词的提问还能够引起一个新的话题，而对方却茫然不知。

我们在向他人提问的时候，千万不要太过彻底，以免暴露出自己的真实意图，从而影响沟通的正常进行。

1.模糊问题

虽然，我们提倡在提问时所提出的问题需要具体，但在某些时候，我们需要模糊问题，也就是说，不把问题明确地提出来，而是提出一些有关核心问题的其他问题，这样就可以模糊我们所想提出的真实问题。自然，对方也就不知道我们所提出问题的目的了。

2.问东问西

在许多沟通场合，我们经常看到这样的提问画面：有的人对一些人问了许多乱七八糟的问题，看似无关紧要，但到最后，却从这些问题中得出一些有用的信息。善于提问的人，看似问东问西，而实际上却是有规律可循的。之所以问东问西，那是因为掺杂了一些无关紧要的话题之后，对方就猜不透我们问题的真实意义。

多角度提问，发现对方真实意图

在沟通过程中，适当巧妙的问话，可以发现对方的真正意图和需要，进而通过协商解决，巧妙的提问对谈判成功起着至关重要的作用。

当然，对方也会故意回避你的直接提问，以隐藏自己的真实底线，所以当问题可能涉及对方的底线，或者不方便直接提问时，就必须要运用各种技巧和方法，以期获得多种信息，了解到对方真正在想什么，谋求什么，或者真正的底线在哪里。

在西安事变之前，张学良和杨虎城频繁见面，都有意对蒋介石发难，但都不敢轻易开口。在某次会面中，杨虎城假托共产党王炳南的口说："王炳南是个激进分子，他主张扣留蒋介石！"张学良立即接口道："我看这也不失为一个办法。"于是两个聪明的将军开始商谈行动计划。

这种借助第三者之口提出方案进行协商和提问的方式，可以避免对方不同意引起的冲突，不失为巧妙的好方法。又比如，客户："你们还有同类产品吗？" 销售人员："有意思。你为什么会问这个问题呢？" 客户："我很想知道你们到底有多少同类产品。" 销售人员："原来是这样。你怎么会关心这个问题呢？"客户："我喜欢独一无二的产品。"这样一来，就能清楚地知晓客户的意图，才能针对不同客户的不同要求，来调整自己的产品和销售方案，也就大大增加了与客户合作的机会。

在日常沟通中还可以运用哪些巧妙的方式进行问话呢？

1.投石问路法

当没有摸清对方虚实的情况下，为了避免因对方拒绝而产生的难堪尴尬，不妨先设一个较虚的问题，投一颗问路的石子，以探听对方的虚实。

某推销商想要把自己的产品销出去，但又怕对方直接拒绝，一般他不会轻易问"你要不要？"而会婉转地问"您看产品的性能还不错吧，能评价一下吗？”或者“您对我们的产品有什么不满意的地方吗？”“您看价格怎样，您愿意付多少钱？”等。

这一系列的问题往往能够引导对方回答问题，继而剖析出对方真正对产品的哪方面不满意，是否有购买意图，继而找出理由说服对方，促成谈判顺利进行。

2.迂回探询

不直接对话题所涉及的问题提问，而进行旁敲侧击的提问，继而探出对方的真实底线，再进行谈判，就能够掌握主动，让谈判更有利于自己。

某公司需要购进一批机械，当价格谈到每台32万美元时，美方代表示已经到了自己的底线，否则就只好放弃这次机会了。这时，公司的谈判代表不再继续就价格进行谈判，而是拐弯抹角地提问零件的消耗状况，每个零部件和主机如果出现损坏，单独购买的价格，结果核算起来组装一部这样的机械，只需要26万美元。这时谈判代表掌握了他们的底线，对方也慌了神，最终以每台27万美元购进，节省了大量资金。

这种迂回间接的提问方式可以先让对方放松警惕，缓冲谈判中那种剑拔弩张的气氛，继而奋力一击，往往能够达到更好的效果。

3.条件性提问

条件性提问也可以称作“假设性提问”，即把沟通的问题作为假设条件，从对方的回答中确定对方更在意什么，和己方有哪些共同需求，以获得对方的真实信息。

美国某些商业顾问机构的首席代表在购买产品时往往通过许多假设性提问，获得了很多颇有价值的资料，引导新的选择途径。如假如我们订货的数量加倍呢？假如我们将保证金增加呢，可不可以更快供货？假如我们自己提供材料呢？假如我们要买几种产品，不只购买一种呢，价格可不可以再降一点？假如我们让你在淡季接下这份订单呢？假如我们一次性付清呢，可不可以比分期付款再优惠一点？

通过这些问题往往能够从中剖析出对方可能做出的让步，继而掌握主动权。

而有些问题诸如："你们认为两年的合约怎样，还有其他想法吗？"这种有重点和条件的问题，往往意味着试探对方在提出的条件方面是否关心，比如对方回答"如果改为合作三年就更好了"说明对方更关心长期合作，如果对方没有反应，则对期限并不在意。

当然，在日常沟通中掌握提问的技巧可以让你获得大量有用的信息，掌握对方的真实意图，更有利于我们占据沟通的主动权。

第 13 章

高情商就是使用口才为自己赢得人心

注重积累，出口成章

演讲的重点在“讲”，口才在演讲中的重要性由此可见。对演讲者来说，写好了演讲词，不一定就讲得好；而要想讲好，也就必须能写出好的演讲词。正如一个歌唱家歌唱的前提是作曲家能谱出动听的曲子。真正的演讲家，既要善写，还要会讲，即既要有文才又要有口才。也就说，一个有实力的演说家，必定是个同时兼备超凡脱俗的智慧、有深刻广博的思想内容和完美演讲技巧的人。

俗语说：“冰冻三尺，非一日之寒。”想要成就一次精彩的演讲，想要一开口就能言之有物，一方面要掌握一定的演讲技巧，另一方面还要注重平日里的锻炼和学习，在平日里多积累词句，充实自己的内在。

常言道：“工欲善其事，必先利其器。”要想会说话，说好话，首先必须充实知识，掌握知识这一利器。因为知识积累可以丰富口语表达的内容，可以使口头表达更加准确，可以使口语表达更加生动。

知识是人们在社会实践活动中所获得的认识和经验的总和，是口语表达内容的坚实基础，也是形成优秀口才的必备条件。卡耐基在《语言的突破》这本书中强调：“在这个世界上，全新的事物实在太少了。即使是伟大的演说者，也要借助阅读的灵感和得自书本的资料。”

口语表达所需要的语言素养，主要从以下三种途径获得：

1.系统学习语言的基础知识

这包括学习语法、修辞和逻辑方面的知识、法则，以提高口语表达的正确性、生动性和严谨性。

2.系统地学习和掌握副语言特征和体态语言等方面的知识

副语言特征主要包括音质、音强、音色、语气、语调、语速、节奏等，体态语言主要包括表情、神态、动作、身姿、手势等，掌握这些，以便更好地展现表达者自己的精神风貌、情绪感受和个性特征。

3.坚持积累和吸收优秀的语言养料，做好词句的积累

譬如学习和借鉴经典名家的演讲、大量阅读中外名著、与时俱进地在现实生活中学习那些有生命力的活语言等，都是行之有效的办法。古往今来的实践证明，不断地在生活中为自己补充新鲜的语言信息，是提高语言素养永不枯竭的源泉。

总之，口语表达成功的关键是运用语言的能力，具有较高的语言素养，才有可能表现出较强的运用语言的能力。

跟随心意，营造氛围

演讲的成功与否，取决于演讲者是否能用鲜明的观点、自己独到的

见解和看法、深刻的思想，以及流畅生动、深刻风趣的语言和恰当的修辞感染听众，这也是演讲的感染性这一性质的要求。因此，演讲者在演讲的过程中，要致力于带动听众的情绪，使听众主动进入与演讲者的同向思维，从而达到演讲的效果。我们先来看下面这个例子：

曾经有名希望工程的发起者，到北京某贵族学校演讲。还没等他开讲，台下这帮养尊处优的孩子便叽叽喳喳地响成一片，乱成一锅粥。

此时，他见情形不妙，便大声喊了几句，但这种方法似乎根本不见效。于是，他叫来一个在现场的老师，将电闸关掉，礼堂便突然漆黑一片，随之也安静了下来。

这时候，这位发起者啪的一声打开了幻灯机，银幕上顿时出现了那张有名的“大眼睛”照片。这些孩子们顿时也睁大了眼睛，看着幻灯片上的照片。

“同学们，你们家里有没有照相机啊？”发起者此时突然提问道。

“有！”下面齐声回答。

“你们会不会照相？”

“会！”

这时，发起者便指着下面的一位同学问：“请你说说看，照相有什么样的意义？”

“留着做个纪念呀。”

“好！作为留念——那就请大家看看，老师给这些山里孩子们拍的留念照片吧！”

然后，他每放映一张照片，就介绍一个有关失学儿童的故事。

在这里，这位演讲者，就是利用讲述照片来历的故事，既抓住了同学们的注意力，又营造出一种与演讲内容相适应的肃然气氛，使同学们很快进入“规定情景”之中，激发了他们对贫困学生的关注和同情心。

我们把他的这种技巧称为“营造气氛”。这里讲的“气氛”，就是要带动听众的情绪，和听众达到一种情感的共鸣。这里的气氛，可以是活泼的，可以是热烈的，可以是庄严的……

营造良好的演讲氛围，可以带动听众的积极性并能够很好地学到演讲技巧，那么怎样营造这种氛围呢?

1.酝酿浓厚情感，以情动人

在第二次世界大战最黑暗的时期，当德寇飞机对英国狂轰滥炸之时，丘吉尔曾向秘书口授了一篇演讲稿。这里摘录一段精彩的文字：

“我们决不投降，决不屈服。我们要战斗到底。我们将在法国作战，我们将在海上和大洋上作战，我们将满怀信心地在空中越战越强。我们将不惜任何代价保卫我们的本土。我们将在海滩上作战，我们将在敌人登陆的地点作战，在田野作战，在山区作战。我们在任何时候都决不投降！”

当口授完这篇演讲稿时，这位年近七旬的首相竟“像小孩一样，哭得涕泪横流”——这是何等激动的感情啊！

丘吉尔的激情来自于对祖国的爱，对敌人的憎，来自于珍视自由、热爱和平的崇高信念，这种强烈的情感大大增强了言辞的感染力。丘吉尔向秘书口授讲稿尚且如此动情，当众演说时澎湃的情绪便可想而知了！

当然，以情动人除了要求说话人自己要动真情之外，还要求说话人善于将自己的真情实感淋漓尽致地表现出来，迅速激起对方的共鸣。说话人必须善于体察对方的心境，用饱含浓情的言辞去拨动对方的心弦。

2.敢于打破定式，善于标新立异

人都有好奇感，满足人们的好奇心和求知欲本身就具有兴奋作用，打破常规，标新立异是设置兴奋点的好方法。为了使演讲吸引听众，在尊重文化传统和思维习惯的基础上，要对演讲稿进行必要的创新，打破思维定式，要敢于创造，善于借鉴，造清新之气，树时代新风。

3.给听众看一场“秀”，营造出亲切可信的气氛

生活中，我们经常会看到一些减肥产品的宣传者会当众说：“眼前站在你们面前的这个美女，她才45公斤，但你们知道吗，她曾经是个重达65公斤的‘圆球’！假若有人需要减肥的话，其实是一定办得到的。相信你们也一定能行!”

此话一出，听众肯定会翘首以待听他的“减肥真经”。可见，有时候，演讲的真正含义，并不完全在“讲”，还在于“演”。如果能给观众一场“秀”，就会给听众以亲切、真实、可信之感，这样调动起了听众的热情，也就自然增强了演讲的感染力。

总之，演讲者要营造气氛，让听众跟随你的意志走，只有从主题出发，结合现场的具体情景，针对听众此时此刻的心态和情绪，灵活地调动种种语言手段才能达到如此效果！

以别致的开场吸引听众

精彩别致的开场白可以迅速激发听众的兴趣，激起人们的好奇心，在短短的几秒钟内“镇住”听众，让他们的情绪和思想跟随演讲者一起起伏。而平平淡淡的开场白，往往使听众在几分钟内就不耐烦了，很难再注意到演讲者的内容，即使内容再精彩。因此，很多演讲者都在开场上匠心独运，以奇胜正，立即控制场上气氛，瞬间集中听众的注意力，为接下来的精彩内容做好铺垫。

怎样在演讲一开始，就开好场呢?

1.出奇制胜

根据现场观众的表现，提出话题，引起听众的兴趣。其论调在于“奇”而“巧”，才能造成“一言既出，四座皆惊”的艺术效果，震撼听众，使他们凝神静听你的讲话内容。

2.自我解嘲，妙趣横生

以幽默风趣的自我解嘲为开场白，往往能使听众在哈哈大笑中，对你产生好感，沉重的话题也能变得轻松，即使对演讲存在不满，也能产生宽容心理。

美国黑人领袖约翰·罗克在关于解放黑人奴隶的演讲时，说:“女士们，先生们——我来这里，与其说是发表讲话，还不如说是给这一场合增添了一点‘颜色’。”一句玩笑，冲淡了由种族差异而造成的心理隔阂,使沉重的话题变得轻松。

白岩松在耶鲁大学发表《我的故事以及背后的中国梦》的演讲时，开场即说“欢迎大家扔鞋，但最好是两只，请记得我的鞋号是43号。”这一开场白也获得了满场的笑声和掌声。

这种幽默的自嘲，往往能拉近和听众的距离，让人听了倍感亲切，更容易对演讲内容产生兴趣，还能让听众对演讲者产生宽容心，可谓一举多得。

3.概括演讲内容

可以在开场后的几秒钟内，让听众对你要谈的内容产生一个大概的了解，适用于对实际问题的演讲。比如，在某次关于投资理财的演讲中，演讲者一上台，即向听众道“今天我来回答三个问题，这三个问题有助于你理财。第一，你如何挣钱；第二，你如何投资；第三，小钱如何生大钱。”开场即深深地吸引住了听众的注意力，然后，逐一展开，使开场的问题一一得到解决。

4.语出惊人

即用异乎寻常的场面描述或者故事讲述或者透露一个触目惊心的数字，或者讲述一个耸人听闻的消息，让观众随着你的讲述，蓦然深思或寻求解答或探寻你演讲的原因。这种方法，往往一开始就给听众一个较大的震撼，往往更能吸引他们凝神听下去。

如希瑟·拉森在《逆流而行》的演讲中，开场即运用了一系列的惊人之语，迅速把她的听众吸引了过来。

“每11分钟就有一个美国人死于这种病，今年有4.6万人死于这种病，而8年越南战争的死亡人数也不过是这个数字。在近十年里，美国人死于这种病的人数是死于艾滋病13.3万人数的三倍。这种病将使你我和其他美国人今年在医疗费用上花费掉超过60亿美元，我所说的患乳腺癌这种疾病的浪潮可能会直接袭击我们在座的每一个人。”

当众发言的一个重要部分就是开场白，一个好的开场白可以给人留下一个好的第一印象，即使你后面的发言不太精彩，也会给听众留下不错的感觉。如果你的开场白缺乏吸引力，会让听众首先就感到乏味，之后的故事再精彩，最后的效果也会大打折扣。

用真情实感打动听众

演讲者发表演讲的目的，就是要吸引、说服、鼓动、感召听众，也只有能引起听众共鸣的演讲，才是成功的演讲，这一点，也是演讲者最关注的问题。成功的演说家，大都是富有活力和精神抖擞的人，他们具有爆发力，可把内心的情绪迸发出来。因此，作为演讲者，如果你想你的话能发生效力，且非要将你的话一吐为快，你在演讲的时候就不应该单是报告一些事实，还应把自己的情感注入你的演讲中，只有真情实感才能打动听众。

印度前总理英迪拉·甘地夫人本是个不善言谈的人，但她早年曾应邀做过一次演说。

在那次会上，会议主持人梅农突然宣布甘地夫人要讲话，这使她惊讶万分。在那天之前，她只是在儿童时代的集会上讲过话，从来没有对成年听众发表过演说。此时的甘地夫人很害怕，尤其是会场又这么大，可能是卡克斯顿大厅吧，她当时简直连一点声音也发不出来！最后，她还是讲了几句。听众中有一个醉汉说，“她不是在讲话，她是在尖叫。”听他这么一说，听众当然哄堂大笑。“那次演讲后，我发誓以后再也不在公众面前讲话了。”甘地夫人后来回忆自己的经历时说。

但就在这次糟糕的演说之后不久，甘地夫人又进行了一次极为出色的演说。在非洲，她被邀请在大会堂进行一次讲话。

甘地夫人说：“噢，不行，我一句话也不准备讲，只有依了我这个条件，我才赴会。”

他们很吃惊，因为他们已经租下了会堂，而且一切都已安排就绪。最后，他们对甘地夫人说：“不管怎么样，你总得坐在讲台上。”还说，他们会设法为甘地夫人的保持沉默做些解释。

据甘地夫人自己回忆说：“那天的招待会在下午4点举行，整个上午我都在访问非洲铁路工人的生活区，那里的条件真是糟糕透顶，使我非常生气。招待会上，当宣布尼赫鲁小姐不讲话了的时候，我拍了一下桌子说：‘我倒要讲讲。’”

甘地夫人这番话，让会议主席大吃一惊，怔住了。没等他开口说话，甘地夫人已走到话筒前，她激动万分，讲了班图人和其他人的生活条件。“我的讲话在非洲报纸上刊登了出来。第二天，无论我走到哪里，都受到人群的欢呼。女的过来吻我，男的同我握手……”

甘地夫人的这次演讲是很成功的，她成功演说的诀窍不在于她的口才，甚至可以说，她是个不善言辞的人，她的感情为她赢得了掌声。正义的甘地夫人在访问了铁路工人的生活区后，情绪上产生了很大的变化。于是，本准备沉默的她却借此机会发表了自己的看法，本来没有出色口才的她，这回却说得十分出色。可见，说话与感情是息息相关的。

演讲中，如果一个人对自己演讲的内容毫无兴趣，自然很难流露出自己的热情和激情，也就无法打动听众。反之，如果自己对于所要论述的问题早就有一肚子要说的话，那么此时登台，必会取得意想不到的结果。因此，每个努力想把话说好的人，必须注意说话时的感情，做到“以情动人”。

“感人心者，莫先乎情。”演讲既是信息的传递，也是情感的交流，以情动人是演讲成功的关键因素之一。那么，我们在演讲中，如何用情感来打动听众、引起共鸣，让演讲更耐人寻味呢？

1.坦露心声，真情动人

俗话说“言为心声”。在演讲中，如果演讲者的话是出自内心，发自肺腑，有自己的真情实感，那么，听众的情感之弦就更加容易被拨动，演讲者和听众的共鸣就会更强烈，听众也就更加容易接受演讲者所表达的观点。

2.适时评述，激情动人

激情，是情感的瞬时爆发，是最能够打动听众、征服听众的。适时地对演讲材料进行充满激情的评述，表达自己的意见，抒发自己的感情，是让观点深入人心、引起共鸣的又一妙招。

3.铺陈渲染，豪情动人

在演讲中，利用铺陈渲染方法为演讲的主题蓄势，可以激起听众强烈的共鸣，把演讲推向高潮。尤其在表达理想、志向和成长感悟时，运用铺陈渲染更能收到节奏和谐、情绪激昂、语气磅礴的表达效果，给人一种积极向上、气势恢宏、壮志豪情的美感和震撼，更容易以豪迈的情感和气势征服听众。

美国小说家维拉凯瑟曾说：“热情是每个艺术家的秘诀。而演说家都应当是艺术家，这是一个公开的秘诀，十分有效。”总之，成功的演讲离不开“情”，情感在演讲中就像桥梁一样，连接着演讲者和听众的心。以“情”动人心，我们的演讲才更耐听！

抑扬顿挫，让听众情绪高涨

一次，一位保险公司的经理要向公众做一次关于参加保险的重要性的讲演。

只见他语气很平缓地开头道：“诸位，你们能认识到参加保险的重要性吗？你们知道按照人寿保险专家的话，你还能活多少岁吗？按寿险统计学家说，你的寿命，就是你现在的年龄和八十岁之差的三分之二。比方你现在是五十五岁，那么，你现在的年龄和八十岁之差是二十五年，那么你的寿命，就是二十五的三分之二了，就是你还能活八九年的时间。这是根据千百万人精确统计而成的，绝对不会有错的。”

就在底下的人窃窃私语的时候，那位经理忽然提高语气，话音一转，说道：“我们该怎么办呢？我们不该趁着现在，以微小的代价来为子孙后代留下一笔巨大的钱财吗？”说到激动处，他站起了身挥舞着双手，好像恨不得自己现在就买双份。

就是这一番煽情的讲演，调动了大部分现场的人的情绪，使人们觉得买保险是现在马上必须要办的事情。

演讲中的高手，通常都是能积极地将观众的情绪调动起来，使观众的情绪随着自己的语调的起伏而起伏，成为煽情的好手。初次登台的演讲者，缺乏的正是这种调动听众的积极性和语言的生动活泼。在口语表达中，语调的抑扬顿挫，不仅能够调动听众的情绪，也更有利于口语的表达，使你所说的每一个字都能清晰地传达给听众，做听众情绪的指挥家，使听众的感情随着讲演人的情绪的高低起伏，达到煽情的效果。

那么如何才能达到煽情的效果呢？

1.要做到语调的抑扬顿挫

演讲者在语言表达中，语句的停顿、语速的快慢、音量的大小、声调的高低等因素方面都会对观众情绪的发展起到一定作用。抑扬顿挫的语调既是一种语言标志，也是一种修辞手法，为了加强某些特殊效果或应付演讲现场的某些特殊需要，而采用的停顿，但是就是这种手法，用得好就可以将听众的情绪调动起来，用得不好，就会使听众觉得演讲者实在矫柔造作。适当的感情停顿，可以表达演讲者微妙的情感变化，或是还可以使听众的注意力集中，抑扬顿挫手法最常见的就是演讲者讲出上半句，以吊足听众的胃口。

2.要达到调动听众的积极性的效果

要想做听众情绪的指挥家，首先我们就得调动听众的积极性，只有调动了听众的积极性，才算是一场成功的演讲。希特勒为什么可以上台，而且有那么多的民众为他的死亡事业而去卖命，原因就在于希特勒是一个演讲的高手，在他出现的演讲场合每次都可以最大限度地将民众的积极性调动起来，所以，他在德国有广泛的民众来支持他。一个不会善于调动听众积极性的演讲者只能是算是一个出口成章的说话者，相信听众是什么都不会记住的，当然也是无法来触发听众的神经，听众就不会喜欢你。调动听众的积极性，说白了就是和听众产生共鸣，甚至于说是为了博得听众的同情，这样才能让自己的言语打动听众，让听众来感受演讲者的感情。

3.用真诚来打动听众

演讲是要用真情实意来打动听众的心，如果不是用自己的真情实感来和听众融为一体，那么无论你的言辞有多么的华丽，多么的委婉动人，都会使听众觉得你是虚情假意的。

卡耐基曾说过："若一位演讲者带着坚信的口气，真情诚恳地叙说，那他是不会失败的。"不管一个演讲者讲政治还是讲经济，或是自己对某一件事情的心理感受，只要让听众觉得确实你有一种不得不告诉他们你的感受的强烈愿望，调动听众的情绪，那么，这个演讲者的演讲就是会有强烈的感染力的，就会是成功的。例如，在先进人物事迹的演讲报告中，演讲者就是应该把首先感染自己的东西拿出来同听众分享，感染听众，打动听众，做听众情绪的指挥家。

当然，要用真情来打动听众，首先演讲者应该将自己的真情实感融进演讲中，如果说自己对演讲的内容都不感兴趣，那么就更不要指望能打动听众了，反而会让听众对演讲者产生厌恶感。

放慢语速，掷地有声

生活中，人们说话都有轻重快慢之分。一般来说，重要的词语或需要强调的内容说得重些，句子中的辅助成分或平淡的内容说得轻些。而对于演讲来讲，演讲者只有说话轻重缓慢适宜，吐字清晰有力才能能使语意分明，声音色彩丰富，语气生动活泼，语言信息中心突出，从而引起听者的注意，引导听者的思路，易于被人理解和接受。说话太轻，容易使听者减少兴趣；说话太重，容易使听者感到突兀。

要达到这一效果，需要演讲者从语速、节奏、吐字三个方面努力：

1.语速

说话的速度也是演讲的要素。为了营造沉着的气氛，说话稍微慢点很重要。标准大致为5分钟三张左右的A4原稿。不过，此处要注意的是，倘若从头至尾一直以相同的速度来进行，听众会昏昏欲睡的。

演讲的速率一般可分为快速、中速、慢速三种：

（1）快速用于叙述事情的急剧变化、质问、斥责、雄辩、表态以及急促、紧张、激动、惊惧、愤恨、欢畅、兴奋等情绪状态。

（2）中速一般用于说明和叙述感情变化不大或感情平静的事件。

（3）慢速用于抒情、议论或叙述平静、庄重的事……

要运用恰当的语速说话，是控制语调的主要技巧。在需要快说时，语速流畅，不急促，使人听得明白；在需要慢说时，不能拖沓，要声声入耳。语速徐疾、快慢有节，才能使言语富于节奏感。听者处在良好的倾听环境里，才能不疲劳，并且增强语言的感染力。

科学的发音取决于科学的运气，有些演讲者时间稍长点就底气不足，出现口干舌燥、声音嘶哑的现象，此时，只得把气量集中到喉头，使声带受压，变成喉音。

“气乃音之帅。”气息是声音的原动力，科学地运用运气发音方法可以使声音更加甜美、清亮、持久、有力。要达到这个目的，平时要加强训练，掌握胸腹联合呼吸法。其要领是：双目平视，全身放松，喉松鼻通，无论是站姿还是坐式，胸部稍向前倾，小腹自然内收。

吸气方法是：扩展两肋，向上向外提起，感到腰带渐紧，后腰有撑开感。横隔膜下压腹部扩大胸腔体积，小腹内收，气贯“丹田”。用鼻吸气，做到快、缓、稳。

呼气方法是：控制两肋，使腹部有一种压力，将气均匀地往外吐，呼气时用嘴，做到匀、缓、稳。

2.培养恰如其分的节奏

除了语速，演讲的节奏也是关系成败的一个重要因素。人们在说话、朗读和演讲中，速度的快与慢、情绪的张与弛、语调的起与伏、音量的轻与重等变化对比，就形成了节奏。节奏在口语中起着重要作用。

节奏不是外加的东西，它取决于说话的内容和交谈双方的语境，靠起伏的思绪遣词造句，靠波动的情感多层演进。

节奏主要表现人的心理的运动变化，不同的口语节奏具有不同的形象内涵和不同的感情色彩。适当的节奏，有助于表情达意，使口语富于韵律的美感，加强刺激的强度。

在演讲中，常见的节奏有持重型、轻快型、急促型、平缓型、低抑型等。

别忘了演讲中也有标点符号，适当的停顿不仅会显得张弛结合，同时能给听众提供一个理解回味的时间，集中他们的注意力。另外，掌握节奏的快慢有助于控制演讲的时间，同时也是传递感情的一种方式。

3.吐字清晰有力

演讲的语言从口语表述角度看，必须做到发音正确、清晰、优美，词句流利、准确、易懂，语调贴切、自然、动情。

（1）发音正确、清晰、优美

以声音为主要物质手段的演讲，对语音的要求很高，既要能准确地表达出丰富多彩的思想感情，又要悦耳爽心，清新优美。为此，演讲者必须认真对语音进行研究，努力使自己的声音达到最佳状态。

一般来说，最佳语音是：

①准确清晰，即吐字正确清楚，语气得当，节奏自然；

②清亮圆润，即声音宏亮清越，铿锵有力，悦耳动听；

③富于变化，即区分轻重缓急，随感情变化而变化；

④有传达力和浸彻力，即声音有一定的响度和力度，使在场听众都能听真切，听明白。

演讲语言常见的毛病有：声音痉挛颤抖，飘忽不定；大声喊叫，音量过高；音节含糊，夹杂明显的气息声；声音忽高忽低，音响失度；朗诵腔调，生硬呆板等。所有这些，都会影响听众对演讲内容的理解。

（2）词句流利、准确、易懂

听众通过演讲活动接受信息主要诉诸听觉作用。演讲者借助口语发出的信息，听众要立即能理解。口语与书面语之间有较明显的差距。有人说，书面语是最后被理解，而口语则需立即被听懂。

（3）语调贴切自然动情

所谓语调，就是指说话时声音的高低、轻重、停顿的变化。语调是口语表达的重要手段，它能很好地辅助语言表情达意。一个优秀的演讲者要根据演讲的内容、演讲的对象、演讲的场合等因素用贴切、自然、动情的语调发表演讲；这样才能感染听众，才可以称得上是成功的演讲。

总之，演讲者应根据说话的内容，该轻则轻，该重则重，当快则快，当慢则慢，并使人感到音节错落有致，舒服畅快。

参 考 文 献

[1] 夏季.高情商语言训练课[M].北京：中国致公出版社，2018.

[2] 李安.这样说话最受欢迎 [M].北京：中国城市出版社，2010.

[3] 陆梦.所谓情商高，就是会表达[M].北京：团结出版社，2017.

[4] 兆民.所谓情商高，就是会说话（日常生活版）[M].北京：中国友谊出版公司，2017.